読書を支えるスウェーデンの公共図書館

文化・情報へのアクセスを保障する空間

小林ソーデルマン淳子
吉田右子
和気尚美

上：緑と水辺の街ストックホルム
下：図書館的な空間に圧倒される
ストックホルム市立図書館中央館

3

1

4

5

2

6

❼

❽

9

①一生かかっても読み切れない本が並ぶ
（ストックホルム市立図書館中央館）
②円形型書架の裏側には作業用のバックヤード
（ストックホルム市立図書館中央館）
③腰を痛めないよう工夫されたブックトラック
（クングスホルメン図書館）
④自宅の居間のような閲覧コーナー
（ホーグダーレン図書館）
⑤図書館が開館していなくても使えるラウンジ
（ホーグダーレン図書館）
⑥子どもの身体の大きさに合わせた家具
（ホーグダーレン図書館）
⑦真冬でも温かい気持ちになる児童室
（エステルマルメ図書館）
⑧イタリア語の雑誌を読む利用者（国際図書館）
⑨表紙を見せて読書に誘う
（ストックホルム市立図書館中央館）

⑩ストックホルム市内の港の風景
⑪雪の季節は図書館がにぎわう
（エステルマルメ図書館）
⑫図書館は移民・難民の拠り所
（リンケビー地区図書館）
⑬ストックホルム市立図書館中央館の
屋上からの眺め

はじめに

「図書館を廃止することについてどう思うかですって？　そんなこと今さら言うまでもないでしょう！　図書館を廃止するなんて馬鹿なことをしてはいけないわ。多くの子どもたちにとって、図書館は読書ができる唯一の場所なんですよ。そりゃあ、図書館を維持していくのにお金がかかるということはわかりますが、図書館を廃止したら、将来もっともっとお金がかかることになりますよ(1)」

一九九〇年代に入って起きたスウェーデンの経済危機によって、公共施設の予算が軒並み減らされるなかで各地の図書館が閉鎖されるという事態になったとき、スウェーデンの児童文学者であるアストリッド・リンドグレーンは即座にこう答えたそうだ。

(1)　三瓶恵子『ピッピの生みの親　アストリッド・リンドグレーン』岩波書店、一九九九年、九五ページ。

コラム1　アストリッド・リンドグレーン
(Astrid Lindgren・1907〜2002)

写真提供：アンニカ・リンドグレーン

スウェーデン南部のスモーランド地方ヴィンメルビュ（Vimmerby）に生まれ、豊かな自然のなかで幼少期を過ごす。1945年に娘に語った物語『長くつしたのピッピ』がラーベン・オッキ・ショーグレン社（Rabén & Sjögren）の児童文学賞の第1位を獲得、その後、農村の子ども達の生活を描いた「やかまし村」シリーズ、冒険物語「名探偵カッレくん」シリーズをはじめとする名作を次々に発表して、世界で最も愛される児童文学者の一人となった。

出典：リンドグレーンオフィシャルサイト

1958年、「国際アンデルセン賞」を受賞。児童の権利保護、動物の権利保護にも積極的にかかわり、発言を続けた。スウェーデン王立図書館には、リンドグレーンの作品、翻訳書、彼女が世界各国から受け取った7万通以上の書簡や速記メモ、関連新聞記事の切り抜き約1万点が保管されており、2005年にこれらのコレクションがユネスコ世界遺産に登録された。

いったい、世界にどれほど多く、リンドグレーンの作品に勇気づけられた子どもがいることだろう。私が知っているだけでも、リンドグレーンに魅せられて北欧に留学した人やスウェーデン語を勉強しはじめた人、そして児童文学の道を志した人が何人もいる。留学はしなかったけれども、私が北欧の図書館を研究しはじめたのも、小さいころにリンドグレーンの作品を夢中になって読んだことがきっかけだったのかもしれない。

リンドグレーンは九五年の生涯に、幼い子どもを対象とした作品からハイティーン向けの作品まで、数多くの児童文学を執筆した。リンドグレーンの作品は、馬を一頭持ち上げてしまう勇ましい女の子が主人公（ピッピ）だったかと思えば、背中にプロペラをつけて空を飛び回るおじさん（カールソン）が出てきたりと、驚くほど多彩である。その内容については、とてもひと言では説明しきれないのだが、とびっきりのユーモアの感覚とちょっぴり辛辣なメッセージが多くの人びとを魅了してきた。

さて、『ピッピの生みの親、アストリッド・リンドグレーン』には次のようなエピソードも出てくる。

ストックホルムの街を歩いているリンドグレーンのところに知らない人が近づいてきて、いきなり紙を突き出した。そこには、「わたしのみじめな子ども時代に金色の夢をくださってありがとうございました」と書いてあったそうだ。数々の栄誉ある賞を受けてきたリンドグレーンだが、

買い物メモの端切れに書かれたその言葉が、どんな賞賛よりもうれしかったと語っている。(2)

本書は、世界中の人びとに本を通じて生きる喜びを与えてきた児童文学者リンドグレーンを生んだ国、スウェーデンの図書館の話である。作家が生み出した本が読者に届くまでの経路はさまざまである。書店での出合いもあるし、図書館で借りて読むこともあろう。友人からもらったり、最近では、インターネット経由で本を入手する人も増えてきている。そのような状況のなか、スウェーデンでは、本と読者を結ぶもっとも太くて確実なパイプが公共図書館となっている。

スウェーデンでは、読者と本を結び付けるために行われるさまざまな文化活動や読書振興のなかに図書館がしっかりと位置づけられている。実際にどのような活動が行われているのかについては本書で詳しくお話していくつもりだが、ここで一例を挙げておこう。

作家を呼んできて、講演会やワークショップを開催する図書館がよくある。しかも、作家が訪れる町というのは決して大きな所だけではない。人口が数千人しかいないような町の図書館にまで作家は気軽に出掛けていって、話をしたり、読者と語り合ったりするのだ。スウェーデンでは、作家は読者にとってはるか遠くにいる偉い人ではない。自分の住んでいる所に来てくれて言葉を交わすことができる、そんな存在なのである。

個人の置かれている社会的・経済的状況にかかわらず、「人は誰しも本を読む権利があり、それを保障する場所が公共図書館である」という考え方が、一〇〇年以上にわたるスウェーデンの公共図書館の歴史のなかで揺らぐことはただの一度もなかった。そして現在、図書館は地域社会においてなくてはならない施設であると同時に、誰にとっても親しみのある場所となった。

本書を通じて、読者のみなさんにスウェーデンの図書館の現状をお伝えしながら、図書館が本を住民に届けるうえで、そして国全体の読書振興のためにいかに重要な役割を果たしているのかを考えていきたいと思う。また同時に、スウェーデンの人びとの普段着の生活と、読書をめぐるさまざまなエピソードを披露していくことにしたい。

みなさんも、スウェーデンの公共図書館に置かれている心地よい椅子に腰かけたつもりになって、この国の図書館と本をめぐる話をゆっくりと楽しんでいただきたい。

---

(2) 前掲書、一〇二ページ。

もくじ

スウェーデン概略図と本書に登場する主な図書館

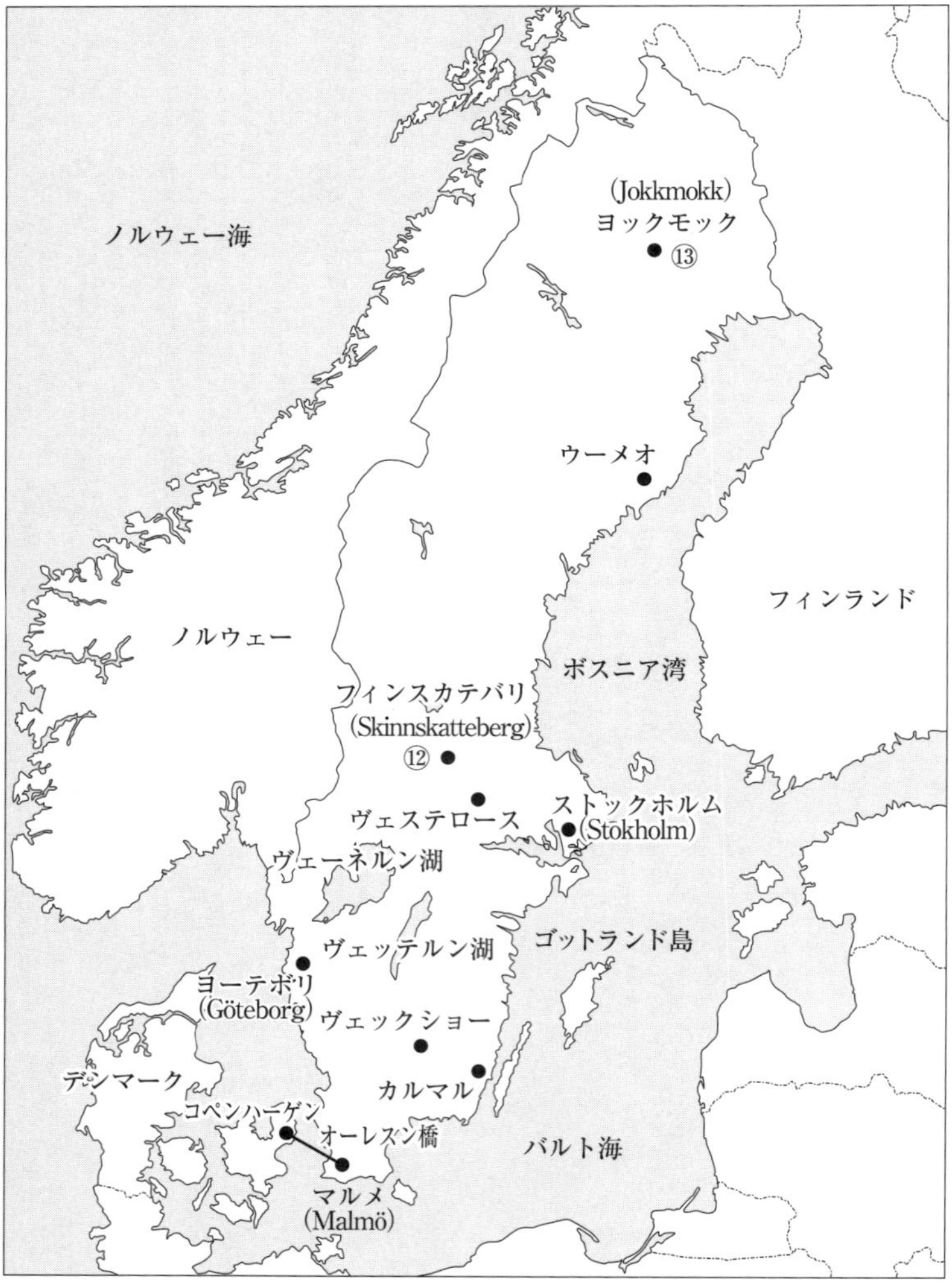

⑫フィンスカテバリ図書館、⑬アイテ図書館

＊①から⑪のストックホルム市内の図書館は54ページの地図を参照。

読書を支えるスウェーデンの公共図書館——文化・情報へのアクセスを保障する空間

序章

なぜ、スウェーデンは図書館を大事にするのか

北極圏にあるアイテ図書館の館内の様子　出典：アイテ図書館のホームページ
http://www.ajtte.com/fler-verksamheter/aja-arkiv-bibliotek/

1 スウェーデンという国

森と湖が織りなす自然豊かな国土

スウェーデンは、森林が国土の半分以上を占め、湖が約一〇パーセントを占める自然豊かな国である。南北約一六〇〇キロに及ぶ国土は、北部と南部で自然環境も景観もかなり異なっている。また、国土の大半は硬い岩盤に覆われている。

国土面積は四五万平方メートルで、国内は、日本の県にあたるレーン（län）と市（stadt）、そして日本の市町村にあたる基礎自治体のコミューン（kommun）という行政単位に分かれている。人口は九五〇万人（二〇一二年現在）で、北欧諸国のなかでは一番多いが、それでも一〇〇〇万人を超えていない。都市別に人口を見ると、「北欧のベニス」と呼ばれている美しい首都ストックホルムが約八四万七〇〇〇人、第二の都市ヨーテボリが約五一万四〇〇〇人、第三の都市マルメが約二九万九〇〇〇人となっている。

デンマークの首都コペンハーゲンからストックホルムまで、私は電車で何回か往復したことがある。コペンハーゲンとスウェーデン第三の都市マルメはオーレスン橋（Öresundsförbindelsen）で結ばれているので、移動はいとも簡単にできる。マルメからストックホルムまでは約五時間の道のり。朝、列車に乗り込めばお昼すぎにはストックホルムに到着する。途中で何回か町中を通過するが、それ以外はずっと森と湖と農地が続いている。赤茶色にペイントされた農家が点在し、牧草地には馬が放牧されている。車窓から見える風景は、リンドグレーンの「やかまし村シリーズ」に出てくる農村風景そのものである。

スウェーデンの特徴として挙げられる風土は、何といっても長くて暗い冬と、短くて明るい夏だろう。この対照的な季節は、スウェーデンに住む人びとの生活や精神に大きな影響を与えている。冬は朝一〇時ころにようやく明るくなり、午後三時には完全に暗くなる。反対に夏は、夜一〇時になってもまだ外は明るく、翌朝四時には夜が明けてしまうという日々が続く。

短い春から夏にかけて人びとは、身体に太陽の光を貯蓄するかのごとく、積極的に屋外に出て時間を過ごす。そのため、この国の夏の典型的な光景と言えば、庭の芝刈りとバーベキューであり、反対に冬は、居心地よくしつらえた屋内で夜の長い時間を過ごすことになる。

夏は屋外で食事をするのが楽しみ

自然と親しむことは人生の一部

スウェーデンでは、年間の休暇は五週間と決まっていて、夏季休暇は一定期間中に連続してとることが労働規約で定められている。この長い休暇に何をするのかといえば、ほとんどの人びとが「何もしない」のである。もう少し正確にいうと、厳しい冬の寒さに備えて、太陽の光を思う存分浴びながら心と身体にエネルギーを蓄えているのだ。

多くの人はサマーハウスを所有していて、長期休暇はそこで過ごすことが多い。サマーハウスは日本の別荘風なものから、質素といってしまってもよいぐらい簡素なものも多くあり、後者の場合、都会で便利な生活を送っている人もサマーハウスでは不便な暮らしをすることになる。水や電気の供給がかぎられた所で工夫をしながら生活していくことは、ひ弱になってしまった日本の現代人に求められている暮らし方だと思うが、スウェーデンのサマーハウスはまさにそうした生活の実践の場といえよう。

湖のほとりに立つサマーハウス

充実した社会保障制度

スウェーデンは社会保障と福祉制度において世界でもっとも進んだ国であり、社会福祉政策が世界から注目を浴びていることはみなさんもご存じだろう。社会保障費の支出は、国内総生産GDPに対し三〇パーセントを超えている。義務教育、医療、年金などの社会保障は、国民間で不平等が生じないことを目標として制度化されている。大学を含めた学費、二〇歳までの医療費、治療費、手術費、分娩費も無料である。ちなみに成人は、診察料や入院料費用は支払うことになっている。ただし、支払う最高額が決まっており、その額に達したら、その後約一〇か月間は無料となる。また、処方箋で出される薬も、買うたびに割引されるようになっている。

こうした手厚い社会福祉の基盤の一つが「社会サービス法（Socialtjänstlagen）」と呼ばれる法律である。一九八二年に制定され、二〇〇〇年に改正されたこの法律は、障碍者福祉、高齢者福祉、児童福祉などの福祉関係の法律を束ねたことが最大の特徴となっている。また、一九九四年に

図書館でおしゃべりを楽しむ高齢者
（エンゲルスバリ図書館）

施行された「機能障碍者を対象とする援助およびサービスに関する法律（Lag om stöd och service till vissa funktionshindrade：LSS法）」は、知的障碍者・重度障碍者を対象に、障碍者の権利を定めた世界でも類を見ない法律である。

この法律は、障碍者が自立して生活するために必要な援助に関して、コミューンとレーンの果たすべき責任を具体的に明記したもので、介助や介護する家族にかかわるサービス項目が示されている。どこの地域に住んでいても同じレベルのサービスが受けられるのは、この法律の存在によるところが大きい。

このような充実した福祉サービスは、国民が負担する税金によって実現されている。そのためだろうか、スウェーデンにおける税率はかなり高くなっている。三〇パーセント以上の所得税を支払い、ほとんどの物品には消費税二五パーセントが課せられている。それでも人びとは、障碍をもっていたり、病気になったとしても安心して生きていくことができる高福祉社会を支持し、高い税金を納得のうえで支払っている。

移民の積極的な受け入れ

二〇世紀前半までは、厳しい自然環境のなかで貧困を脱するために、移民として海外に出たスウェーデン人が圧倒的に多かった。しかし、経済的に豊かになったスウェーデンは、いまや移民・難民を受け入れる国となった。

第二次世界大戦後、復興のための労働力不足を補うためにギリシャやトルコなどから単純労働のための労働者として移民を受け入れたことが移民の増加するきっかけとなった。一九七〇年代になると移民労働者は減少したものの、家族の呼び寄せや子どもの誕生などにより、移民の数は少しずつ増加していった。そして、一九八〇年代になると、今度は人道的な立場から中東・アフリカ諸国からの難民を積極的に受け入れるようになった。

移民に対してスウェーデンでは、統合・男女平等省（Integrations- och jamstalldhetsdepartementet）が中心となって、移民とスウェーデン人との社会的・政治的・文化的融合をめざす「統合政策（integration）」を進めている。具体的には、移民を対象とする無償のスウェーデン語教育（Svenska för invandrare：ＳＦＩ）や生活手当の支給などによって、移民の生活を支援している。

二〇〇九年の統計によれば、スウェーデン国内でスウェーデン以外の民族的・文化的背景をもつ住民の占める割合は一八・八パーセントであり、それは北欧諸国のなかでもっとも高い割合を示している。移民の増加によって生じた文化的多様性は、今日のスウェーデン社会の大きな特徴ともいえるだろう。異なる文化的背景をもつ人びとの増大は、言うまでもなく図書館サービスにも大きな影響を及ぼした。そのことは、第５章で詳しく述べることにしたい。

2 スウェーデンの生涯学習と図書館

スウェーデンでは、図書館は社会においてどのように位置づけられているのだろうか。まずは、図書館と密接に結び付いているこの国の生涯学習について、少し見ておくことにしたい[1]。

社会改良運動からはじまった生涯学習

スウェーデンは伝統的に生涯学習が盛んな国であり、その源流は、一九世紀後半から二〇世紀にかけて活発になった禁酒運動をはじめとする社会改良のためのさまざまな民衆運動にある。運動の主な担い手は、公的な教育制度から排除された住民だった。民衆運動家が勉学への強い思いを活動の中心理念の一つに据えたこともあって、民衆運動の高まりのなかで、民衆大学（folkhögskola）や学習サークル（studiecirkel）など学習のための場がつくられていった。現在の公共図書館（folkbibliotek：原語の意味は「民衆図書館」）のもととなった小教区図書館（sockenbibliotek）は、非都市部の住民の教養を高めるため、この運動の波に乗って同時期に設置されたものである。

早くも一九一二年には、「民衆図書館支援法（SFS 1912: 229 Kungl. Majits angående understödjande af folkbiblioteks väsendet)」という法律が制定された。これは民衆の自主的な学習に対して国が財政支援を行うことを定めたものであり、そのなかには、学習サークルのメンバーが利用するための図書の購入費が含まれていた。

　この法律によって、民衆教育施設や、当時、都市部にたくさんつくられていた「読書室」と呼ばれる民間図書館への公的な支援が法的に裏づけられることとなった。その後、一九四七年には、「自由で自発的な民衆教育事業に対する国庫補助に関する法令（SFS 1947: 508 Kungl. Maj:ts kungörelse angående statsbidrag till det fria och frivilliga folkbildningsarbetet)」が制定され、学習サークルへの財政支援が法的に確立した。

スウェーデンの厚みのある生涯学習制度

　地域社会に自分たちの学びの拠点をつくることは、二〇世紀初頭の民衆運動の狙いの一つでもあった。そのころに設立された自主的学習のための多様な施設は、その後、生涯学習のための施設へと成長し、現代のスウェーデンの生涯学習は、民衆大学、公立成人学校（Komvux)、職業

（1）　スウェーデンの民衆教育の歴史については、太田美幸『〈生涯学習社会〉のポリティクス−スウェーデン成人教育の歴史と構造』（新評論、二〇一〇年）に詳しい。

教育・雇用訓練のための公的機関、公共図書館といった公立の学習施設と、民間のさまざまな組織からなる厚みのある制度となっている。

そのなかでも、中心となるのは「公認学習協会（studieförbund）」と呼ばれる政府公認の生涯学習振興機関である。学習協会は、労働組合、政党、宗教団体、環境保護団体などによって運営されることが多く、生涯学習の中核的存在となっている。

学習協会による講座は、週一回四か月単位で開講されていることが多い。各協会のウェブサイトには地域で開かれる講座の概要が載っているが、そこで扱われる内容は哲学から芸術まであらゆる分野に及んでいる。年間を通じて人気があるのは、外国語やコンピュータの講座である。「年を重ねた人のためのロックバンド入門」なんていう講座もあって、みんなが楽しそうに活動しているという。

スウェーデンでは休暇が長いため、世界各地に旅行に出掛ける人も多い。そのときに備えて、興味のある言葉を学んでいる人もたくさんいる。また、身体を動かす機会がどうしても減ってしまう長い冬の間は、ヨガやエアロビクスなどの運動プログラムに人気が集まるようだ。実に、成人人口の四分の一にも当たる人びとが公認学習協会の講座に参加しているといわれ、スウェーデンにおいて生涯学習がいかに盛んに行われているかが分かる。

生涯にわたって学び続けるために、すべての人びとが学びたいと思ったときに学ぶことができる体制をもっとも早く整備した国がスウェーデンなのである。そして、その際において重要となる施設の一つが公共図書館ということである。

自主的学習サークルの読書室が公共図書館のはじまり

ところで、二〇世紀初頭に民衆運動のなかから学習を主な目的とするサークルが生まれたとき、真っ先にメンバーが取り組んだのは読書活動であった。何かを自主的に学びたい個人にとって本は教師であり、メンバー同士の読書会は学校の役割を果たした。その後、学習熱の高まりとともに、本を収集したり図書室を設置したりする学習サークルが次第に増えていった。言うまでもなく、そうした団体の読書施設が公共図書館の源流となったわけである。

それ以後、公共図書館は学習も含めたあらゆる情報の収集・提供機関として独自の発展を遂げていった。とくに、一九六〇年代以降は、学習活動よりはむしろ娯楽への志向を強めていくことになった。これは、教育機関としてのハードルをなるべく下げて、より多くの住民に図書館を活用してもらいたいという戦略であったが、敷居を低くすることで、図書や情報の入手が困難な人びとも図書館サービスを享受できるようになるという思惑もあった。

狙いどおり、と言ってもよいのだろう。一九七〇年代になるころには、公共図書館は誰にとっても気安く立ち寄れる気晴らしの場となった。だが、このような発展によって、公共図書館は学習施設としての色合いを薄めることにもなった。

図書館の本質はメディアを介して人と情報を結び付けることにあるから、娯楽活動から学習支援まで幅広い領域を担うことに関して異議を唱える人は図書館界にはいない。ただし、娯楽プログラムは図書館の活動のあくまでも一部でしかない。住民の自主的な学びを支援することこそ図書館の存在意義だと考える図書館の関係者が、娯楽性を強く帯びた図書館をもう一度学習の場として再構築したいと考えはじめたのも、ごく自然な流れだったといえる。

事実、一九七〇年代になると、図書館界で成人の生涯学習を支援する図書館サービスについて、もう一度考え直そうとする兆しが現れた。その成果として、成人の自己学習を支援するための学習センターや学習コーナーを設置する図書館が増えていった。また、図書館によっては、そうしたスペースに学習相談のためのアドバイザーを常駐させるところも出てきた。アドバイザーは、資料提供や学習方法に関する専門的な助言を行って、成人学習者を援助する役割を担った。こうした見直しが功を奏したのか、二〇世紀の後半に入って公共図書館は、改めて生涯学習のための場としてその真価を発揮しはじめたのだ。

民衆運動から一〇〇年以上が経った現在でも、公共図書館はスウェーデン社会の生涯学習の基幹施設となっている。実際に、生涯学習振興機関のプログラムの多くが公共図書館との連携のもとに実施されている。

3 スウェーデン社会における図書館の位置づけ

スウェーデンの図書館は、次の三つの立場をもって位置づけることができる。

まず第一に、「文化保障制度」としての立場である。これは、図書館政策が、国レベルでは文化省（Kulturdepartementet）の下に、自治体レベルでは文化関連部署の下で行われていることからも分かる。第二に図書館は、生涯学習を担う教育機関の一つとして位置づけることができる。ただし、その内容は娯楽から一般教養に至る幅の広い活動であり、義務教育や高等教育とは異なる独自性が認められている。

そして最後に図書館は、社会保障制度の一環として位置づけることができる。「情報を獲得する」ことは生きていくための権利であり、現代社会においては、情報の不足が生活レベルの低下をもたらすことともなりうる。図書館は、誰にでも情報にアクセスできる場所として必要不可欠な施設であるし、それゆえ本の貸借は無料とされているのである。

平等を実現するための場所

公共図書館は社会を映し出す鏡のようなものであり、社会の変化に従ってその使命やあり方を変えていっている。今日の図書館は、単なる資料提供の場にとどまらず、コミュニティの文化センターとして多くの役割を担っている。映画会、コンサート、ワークショップ、講演会、コンピュータ講習会、語学講座など、スウェーデンの公共図書館で行われているプログラムを挙げていくと、「総合文化センター」と呼んだほうがぴったりくるほど多様なものとなっている。

こんな多彩な活動を行う公共図書館であるが、たった一つ、一〇〇年前からまったく変わっていないサービスの目標がある。それは、住民に必要な情報を年齢、学歴、経済状態などにかかわらず、その地域に住むすべての人びとに「平等に」提供することである。

つまり、スウェーデン社会における図書館の役割はとても明快だ、ということである。図書館は、「人びとが平等に情報にアクセスすることを支援する」ために存在しているということだ。社会的・経済的・文化的環境が違ってい

多彩な文化プログラムを紹介する掲示板（ホーグダーレン図書館）

ても、すべての人間には等しく情報を受け取る権利があり、それを可能にしているのが図書館である。人によって情報量が異なるのは不公平であるという考え方が図書館の存在基盤となっているのは、不平等をなくすことを社会の目標として掲げてきたスウェーデンらしい考え方ではないだろうか。

「情報アクセスへの権利を保障する機関」、言葉にしてしまうと少々大げさに聞こえるかもしれない。実際には、スウェーデンの人びとはそんな難しいことを考えずに、ごく普通に図書館を利用している。乳幼児のときには保育施設から公共図書館を訪ね、学齢期の子どもたちの場合は、学校からクラスぐるみで公共図書館を訪問するという時間がカリキュラムのなかに組み込まれているため、自然な形で子どもたちの生活に図書館が染み込んでいる。

このような日常を送った子どもたちが、その後、生涯にわたって図書館のよき利用者になるのは当然のことかもしれない。

小さなコミューンでは図書館が文化の中心

ストックホルムのような大都市ならば、コンサートホール、劇場、美術館・博物館など多様な文化施設があって、常にさまざまな催し物が行われているから人びとは気軽に文化や芸術に接することが可能である。だが、スウェーデンでは、ストックホルムのような大きな街はむしろめずらしく、人口が一万人程度の小さなコミューンのほうが数としてはずっと多い。そして、その圧倒的多数を占める小さなコミューンでは、文化に触れる機会が都市に比べてかなり低いというのが現実である。そうした地域で、文化の中心となっているのが図書館である。劇場やコンサートホールがなくても、図書館だけは必ずあるのだ。そのため図書館は、本の貸し出しだけでなく、住民がさまざまな文化を享受するための重要な機関となっている。

すべての人が平等に文化を楽しめるようにと、劇団や美術展など芸術にかかわる催し物が地方を巡回して公演や展覧会を行うようになったのは、八〇年も前の一九三〇年代のことだが、それ以来、図書館は学校と並んで文化公演などの会場となっている。

多様な文化的背景をもった人びとが集まる場所

スウェーデンは移民・難民が多い国であるということは、すでにお話しした。移民・難民（マイノリティ）の統合政策は社会の柱となっており、生涯教育にかかわる政策のなかでも重視されている。生涯学習のための公的補助制度においても、移民を対象とする事業には財政面での優遇措置が設けられている。どこのコミューンでも移民対象のスウェーデン語講座が開講されているし、コミューンの補助金により、移住後二年間は無料でスウェーデン語の授業を受けることができるようになっている。

多様な民族的・言語的・文化的背景をもつ住民のために、図書館では図書や視聴覚資料などさまざまなメディアによる多言語資料の提供を通して、マイノリティ住民へのサービスに努めてきた。スウェーデン社会のなかで疎外感をもつことが多い移民・難民に対して、公共図書館はできるかぎりの支援を行ってきたのである。

スウェーデン語の学習教材の提供、生活上のさまざまな相談への対応は、移民のスウェーデン社会への適応を狙いとした活動である。一方、母語資料を提供したり、同じ文化的背景をもつ移民同士が集まることができる場所を提供すること、そして子どもたちへの母語での読み聞かせなどは、移民の精神的な拠り所である出身社会の文化を保持していくことを目的としたサービスといえるだろう。

図書館にマイノリティ文化を反映させたサービスを導入することは、マジョリティにも影響を与えている。な

多様な文化背景をもつ人たちが図書館の利用者
（リンケビー図書館）

ぜならば、図書館に行くことによって、自分たちの社会が多様な文化的背景をもつ人びとによって構成されていることを認識することになるからである。図書館は、いまや異文化間コミュニケーションを促進するうえにおいても重要な役割を果たしているといえる。

スウェーデンに住む人びとの図書館に対するイメージ

スウェーデンに住む人たちは、図書館に対してどのようなイメージをもっているのだろうか。二〇一〇年にスウェーデン図書館協会（Svensk Biblioteksförening）が新聞や雑誌などからまとめたデータによると、スウェーデンに住む八五パーセントの人が図書館を社会にとって重要なものだと考えており、図書館を公的財源の投入が必要な文化施設として見ている。そして、ほかの公的サービスよりも図書館サービスのほうが満足度が高く、しかも満足する人の数は年々増えているという状況である。

アンケート結果によれば、七〇パーセント以上の人が図書館に対して信頼を寄せている。医療サービスに対する信頼度が六八パーセント、大学が五三パーセントなどという数値に比べ、図書館への信頼度は高いといえる。このように、図書館の重要性は多くの人びとに認められている。こうした図書館への信頼感は一体どこから生まれるのだろうか。本書では、さまざまなサービスを紹介しながら、住民を魅了するスウェーデンの図書館の秘密を探っていきたい。

第1章

スウェーデンの公共図書館サービスの基盤

——制度・歴史・法律

ストックホルム市立図書館中央館

実際の図書館を見ていく前に、まずはスウェーデンの公共図書館の制度や歴史など、基本的なデータを示すことからはじめたい。図書館の基礎的な部分についての知識があると、のちほど紹介する多様な図書館サービスがとても理解しやすくなるからである。

1 スウェーデンの図書館制度

スウェーデンの公共図書館の仕組み

最初に、スウェーデンの基本的な図書館の構造について見ておくことにしよう。すべての市とコミューンに公共図書館（folkbibliotek）がある、と前述した。それらの各自治体には、「中央館（huvudbibliotek）」と呼ばれるその地域の中心となる図書館が一館、そして「分館（filialbibliotek）」と呼ばれる居住区ごとに設置されている図書館が複数館あるのが普通となっている。

中央館と分館の役割ははっきりと分かれている。中央館はなるべくたくさんの資料を収集・提供して、多様な利用者のニーズにこたえていくことを主眼としているのに対し、分館はその地域に住んでいる人のニーズに合わせてコレクションやサービスをつくっている。

図書館がこれほどまでに身近な施設になった理由として、地道に図書館サービスを行ってきた専門職である「司書」(1)の存在が挙げられるが、その司書の存在がもっとも身近に感じられる場所が分館となる。

実際に分館では、常連の利用者から個人的な読書相談をもちかけられることも多く、司書は利用者にあわせて丁寧にアドバイスを行っている。司書と利用者間の生のコミュニケーションが中心となる分館の読書相談サービスでは、情報技術をいち早く取り入れる図書館のもつローテクな一面が浮か

(1)「司書」は、日本の図書館法では「社会教育施設としての図書館（公立図書館、私立図書館）に置かれる専門職員」と定義されているが、本書では、図書館に関する専門的知識をもち「bibliotekarie（図書館員）」として働く有資格の図書館職員を「司書」と呼ぶことにする。

図　スウェーデン公共図書館の構造

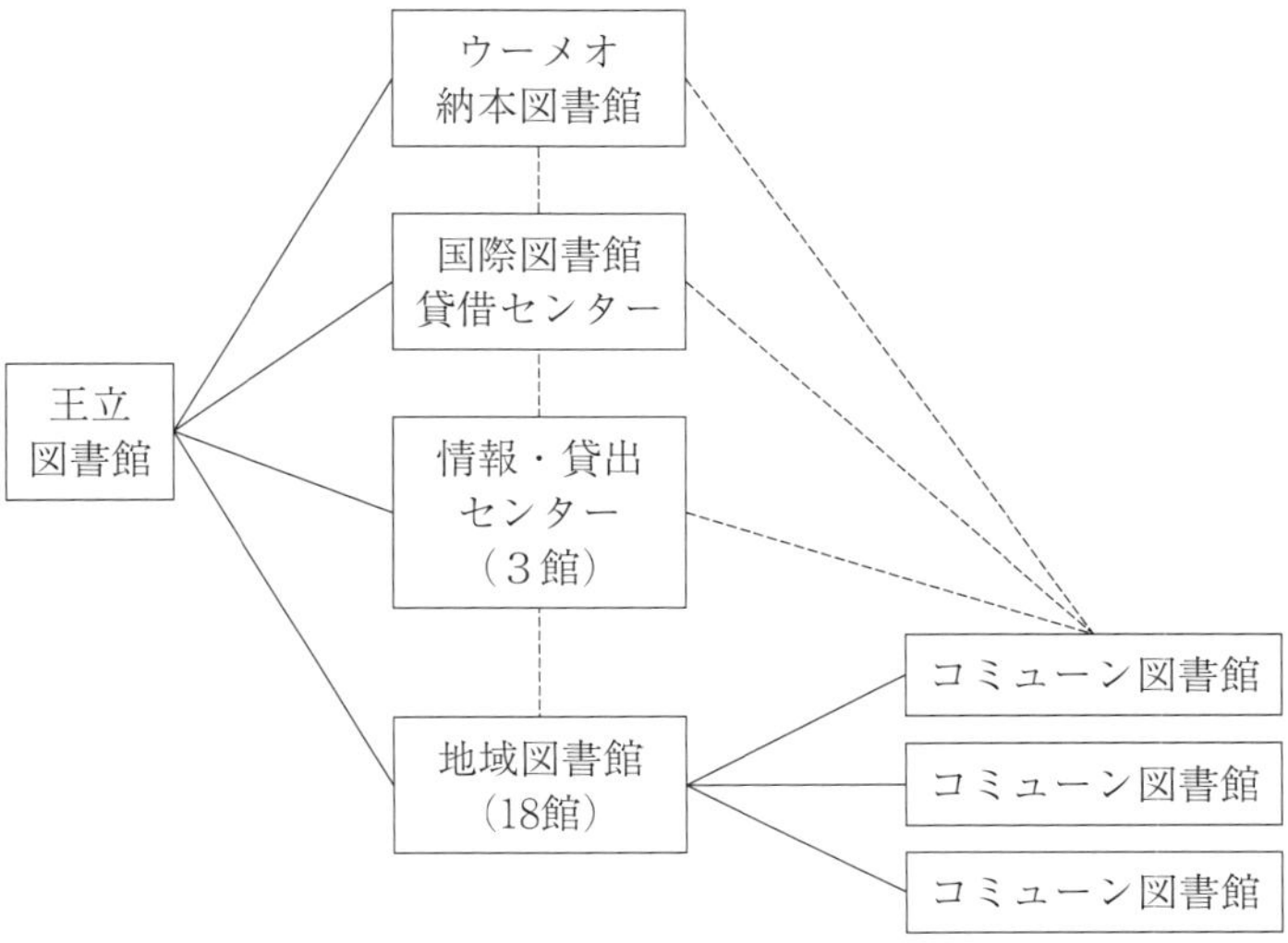

びあがってくる。

スウェーデンの図書館は、民族的・言語的・文化的背景にかかわらず、誰でも好きなときに来館が許される「居場所」であると同時に、なじみの専門家からアドバイスを受けることができる「コミュニケーションの場」でもある。ストックホルムのような大都市であってさえも、分館では一対一の読書相談が重要な役割となっている。[2]

ストックホルムでは、二〇〇九年に職員の効率的なローテーションを目的として、スタッフを「一地区館常駐型」から「複数館担当方式」に変えたことがある。この新しいやり方は、すぐに大きな課題に直面した。各図書館の「顔」だった司書が複数の図書館を移動して歩くことに対して、利用者から不満の声が寄せられたのである。これは、利用者が地区館を「自分のなじみの司書」がいる場所として捉えていることの証《あかし》であった。

住民にとってもっとも身近なコミューンの図書館は、行政組織のうえでは、コミューンの文化関連部署の下に位置づけられていることが多い。名称はさまざまであるが、文化関連部署はコミューンの文化事業を総合的に管轄する組織であり、図書館以外にもさまざまな文化事業に対応している。したがって、文化関連予算は、図書館のほかにもコミューンが開催する音楽・演劇などのさまざまな文化関連事業、学習サークル活動の支援、文化保護や観光の振興のために振り分けられている。

ちなみに、図書館の予算を確保するのは図書館長の役割となっている。文化予算責任者との折衝のなかで、図書館の存在意義を十分にアピールして、必要な経費を確実に図書館に持って帰らなければならない図書館長の責任は重大となる。何といっても、その予算いかんで、住民へのサービスのレベルが高くも低くも変わってしまうのだ。

地域図書館の役割は高度な情報ニーズへの対応

各自治体の図書館の上には、それらの図書館を支援する地域図書館（Läns-/regionbibliotek）が一八館ある。地域図書館は、各コミューンの図書館に対して指導的な役割を果たすことになっている。具体的には、コミューンの図書館が実施するプログラムについて相談に乗ったり、司書の研修や会議を企画したりすることが地域図書館の主な任務となっている。

ところで、これらの地域図書館は独立館とはなっていない。各レーンの、最大規模のコミューン図書館に併設されている。そして、当然のことながら、地域図書館としてのサービスにかかる経費はコミューンではなく各レーンが負担している。

地域図書館をサポートする機関として、情報・貸出センター（Informations- och länecen-

（2）ストックホルムは街の規模が大きいため分館は「地区館（stadsdelsbibliotek）」と呼ばれている。

tralen）が国内に三か所設けられている。スウェーデン北部のウーメオ図書館、中部のストックホルム図書館、そして南部のマルメ図書館である。各コミューンの図書館であると同時に国立の機関でもあるため、国内にある各コミューンの図書館から寄せられる資料のリクエストにこたえることになる。

移民や難民を対象とした図書館サービスに力を入れているスウェーデンの図書館では、少数言語で書かれた資料の収集を積極的に行ってきた。地域図書館ごとに担当する言語が決まっていて、各コミューンでは購入する余裕がないマイナーな言語の図書や移民の母語資料などを積極的に収集して、各コミューンの図書館からのリクエストに備えている。たとえば、南部のカルマル・レーン（Kalmar län）の担当言語はアラビア語、ボスニア語、フィンランド語、クロアチア語、ポーランド語、ロシア語、セルビア語、スペイン語、ベトナム語、北部のノールボッテン・レーン（Norrbottens län）の担当言語はアラビア語、フィンランド語、ロシア語、スペイン語といった具合である。

また、情報・貸出センターでは、スウェーデン語、少数民族の言語、スウェーデン以外の北欧諸国の言語、英語、フランス語、ドイツ語の資料を地域図書館やコミューンの図書館に提供している。いま挙げた以外の多言語資料についていえば、ストックホルム市立図書館の一部である「国際図書館（Internationella Biblioteket）」が全国の図書館をサポートしている。その運営資金は、市が五〇パーセント、レーンが二五パーセント、国が二五パーセントを負担している。この国際図書館については、第5章で詳しく紹介していきたい。

図書館間の「遠距離貸借」制度

図書館の世界には、地元の図書館に利用者が求める資料がない場合、ほかの図書館から資料を借用する制度がある。北欧では、どの国の図書館であっても、この「図書館間の資料の相互貸借」制度が行き届いており、スウェーデンではこの制度のことを「遠距離貸借（fjärrlån）」と呼んでいる。この制度を例にして説明すると、スウェーデンの図書館システムがとてもよく分かるので、少し詳しく説明していきたい。

まず利用者は、希望する本を求めて自宅から一番近い分館に足を運ぶことになる。そこで自分の欲しい本が見つからない場合は、司書はコミューンの中央館に問い合わせる。そこにもない場合には、近隣のコミューン図書館か地域図書館に所蔵がないかどうかを尋ねることになる。それでもだめだったら、今度は全国に三館ある情報・貸出センターか国際図書館、あるいはウーメオにある納本図書館の出番となる。

納本図書館とは、国内の出版物が網羅的に納入される図書館のことであり、一六六一年以来、スウェーデン王立図書館（Kungl. Biblioteket）がその役割を担ってきた。スウェーデンでは王立図書館に加えてもう一館、納本図書館が指定されていて、それが国立のウーメオ納本図書館である。たいがいの資料は、これらいずれかの機関で見つかる。

より専門的な資料の場合は、大学図書館や研究所の図書館に問い合わせることもある。大学図書館にはスウェーデン語の本にかぎらず英語やほかの言語で書かれた本もたくさん収集されているため、専門書に関してはかなり頼りになる存在となっている。そして、大学図書館でも見つからなかった場合、最後に登場するのがスウェーデン王立図書館となる。

スウェーデン王立図書館の外観
出典：スウェーデン王立図書館ウェブサイト
（写真：ウルフ・ルンディン）

こうして国全体が一つの図書館ネットワークを形成していて、利用者の情報ニーズにこたえているわけだ。気になるのは資料の取り寄せにかかる時間だが、国内であればどこでも三日以内で届く。

ちなみに、スウェーデン国内の図書館に所蔵がなかった場合は国外にリクエストすることになる。また、情報・貸出センターと国際図書館は国外への貸出も行っており、ノルウェー、フィンランド、デンマーク、アイスランド、グリーンランドそれぞれの国との貸借は原則として無料で行われている。

今日ではごく当たり前となったこの相互貸借システムだが、完成に至るまでに、実は八〇年以上もの年月がかかっている。まず、コミューンの図書館が二〇世紀初頭に少しずつ各地に設置され、その後一九三〇年代から一九五〇年代にかけて地域図書館が設立された。そして、貸出センター（当時の名称）が設立されて全国の図書館がネットワークで結ばれるようになったのは一九六〇年代のことであった。

現在、この相互貸借システムは、王立図書館が運営する大学研究図書館の書誌検索システムである「LIBRIS《リブリス》」を通じて実施されている。LIBRISには公共図書館や学校図書館も加盟できるため、スウェーデンの多くの図書館がこのオンライン目録を相互に利用して資料の貸し借りを行っている。

LIBRISは、基本的には図書館の業務用目録システムなのだが、インターネットで公開されているので誰でも検索が可能である。最近は、利用者がLIBLISで検索した資料を、オンラインでそのままリクエストとして受け付ける図書館も出てきた。

三五年ぶりの図書館改革

スウェーデンの図書館界は、一九七四年に公布された国家文化政策の改正を長く待ち望んできた。この政策がようやく改正されたのは二〇〇九年のことである。この改正によって、王立図書館がスウェーデンのすべての図書館を統括する機関となることが正式に定められた。この改革にともない、先ほど述べた地域図書館をサポートする三つの情報・貸出センター、国際図書館、納本図書館の役割に関して調査が行われ、その結果が二〇一一年一二月に発表された。

この調査では、情報・貸出センターの変革が示唆されており、今後、マルメとストックホルムの各センターには、全国の図書館サービスの支援機関としての新たな役割が与えられることとなった。つまり、現在のような資料のリクエストにこたえるための資料提供センターから、高度な情報要求にこたえるための機関への転換である。また、ウーメオの情報・資料センターと納本図書館が統合されることとなり、国際図書館の活動はさらに強化される方向が打ち出された。

こうした改革は、これらの機関がもっている資源をより効果的に使用して、図書館に寄せられる要望により速やかにこたえるためのものであり、二〇一六年までに新体制が完成することになっている。

これまでも図書館界では、館種を越えた図書館協力がなされてきた。各コミューンでは学校図書館と公共図書館が協力して図書館サービスを行ってきたし、公共図書館と大学図書館もLIB《リブ》-

LIS《リス》を通じて資料の相互貸借を行うなど、着実に連携関係が築かれてきた。こうした館種を越えた協力関係が王立図書館を中心としてさらに集約的な形で実施されることで、今後ますます図書館間の相互コミュニケーションが進展するだろうと期待されている。

二〇〇九年に出された文化政策には、もう一つの特徴がある。資料の電子化にかかわる戦略である。ここでも、王立図書館が中心となって、スウェーデンの過去の知的遺産を集中的に電子化していく方針が定められた。この新戦略に関連して王立図書館は、二〇一一年九月に個人の資産家から寄付を募るための説明会を開催した。スウェーデンの文化遺産のデジタル化事業を含め、王立図書館がかかわるさまざまなプロジェクトを個人資産家に支援してもらおうというものである。

2　数字で見るスウェーデンの公共図書館

公共図書館の基礎データ

ここでは、文化評議会（Kulturrådet）が毎年出している年次報告書を参照しながら、スウェーデンの図書館の概況を見ていくことにしたい。

スウェーデンには、二〇〇九年現在、中央館が二九〇館、分館が九七〇館ある。各地域を巡回して図書館サービスを行うブックバス（bokbuss）は、八三のコミューンが所有している。分館のほうは年々数が減少していて、一九九〇年に比べると総数は三分の一に減っている。しかも、その半数は学校図書館との統合館となっている。

図書館界では、予算が逼迫《ひっぱく》すると真っ先に影響を受けるのが分館と決まっている。だが、分館こそが地域の住民にとっては拠り所となる図書館である。だから分館の閉鎖は、スウェーデン図書館界にとってはかなりの痛手となる。

二〇〇八年に図書館を訪問した人は六八〇〇万人。一年間の住民一人当たりの図書館訪問回数は、平均すると七・二回になる。そして、貸し出した図書の数は、スウェーデン全体で五八〇〇万点である。このうち約半数が子ども向けの資料であるが、これは公共図書館と学校図書館の複合施設が増加していることと関係がありそうだ。図書の貸出数は徐々に減っているのだが、視聴覚資料や電子書籍の貸出数は毎年伸び続けており、一二〇〇万点に達していた。

二〇〇九年三月現在、公共図書館で働いている職員数は五六八〇人で、常勤職員の割合は八三パーセントとなっている。そのうち、二九六〇人が資格をもった司書である。資料費、人件費を含む図書館運営費は、住民一人当たりに換算すると三九四クローナ（約四七二八円）(3)になる。スウェーデンでは基礎自治体の図書館運営の責任は、国やレーンではなくそれぞれのコミューンにある。だから、コミューンが図書館をどの程度重視しているかによってその予算も大きくなったり小さくなったりする。その違いは、図書館に割り当てる予算額や開館している時間といった面に現れてくる（二五ページ参照）。

公共図書館と学校図書館の複合施設の増加

比較的小さなコミューンに多いのだが、学校の敷地内に学校図書館とコミューン図書館の分館を兼ねるという複合施設の設置が多くなってきている。

二〇〇八年現在、国内にある六〇七八の基礎学校(4)のうち、学校図書館が設置されている学校は六七パーセントにとどまっている。学校図書館とまでは呼べない小さな図書室や図書コーナーを置いている学校もあるが、それすらない学校もまだまだたくさんある。

ちなみに、スウェーデンには「学校図書室」という言葉はなく、学校に設置された図書館・図書室はすべて「学校図書館（skolebibliotek）」と呼んでいる。学校図書館は、別棟のところもあれば教室を使う場合もある。図書館は学校の心臓部という理由で、どの場所からもアプローチし

(3)　二〇一一年八月現在、一スウェーデン・クローナは約一二円であり、本書はこのレートで換算している。
(4)　基礎学校（grundskola）は、スウェーデンの義務教育を行う機関。七歳で一年生に入学し、九年生（一五歳）で卒業する。

やすい敷地の中心に学校図書館を置く学校もある。

言語の発達を促し、読書への関心を高める機関として、学校図書館の重要性はいうまでもない。しかし、現実には、学校図書館の未設置校の存在という大きなハードルがある。全国すべての学校への図書館の設置は、図書館界にとっては悲願ともいえる重要な課題となっている。

一方、一九九〇年代以降の経済危機によって公的財源の削減が本格的に進められるなか、公共図書館の分館の見直しが進められた。もちろん、閉鎖された分館もあったし、単独で設置されていた分館を学校図書館内に移設することで人件費、資料費などの削減を図った図書館もあった。

学校図書館と公共図書館の複合施設　左から５番目の建物が図書館
（フィンスカテバリ図書館）

学校図書館が貧弱な場合、分館が学校図書館に移ってくることで、やっと子どもたちは基本的な学校図書館サービスを受けることが可能となる。すでに学校図書館があって、ある程度の活動をしていたとしても、公共図書館の機能が付け加わることによってマンパワーやコレクションなどの面でさらなる充実が望める。

もちろん、公共図書館と学校図書館の統合はよいことばかりではない。学校図書館が就学期の子どもの教育課程のなかに位置づけられるのに対して、公共図書館は地域住民の幅広いニーズにこたえるための生涯学習施設となっている。それぞれの図書館の目的は完全には重ならないし、異なる二つの性格をもつ図書館を無理やり一つの空間に押し込んでしまうことで、どちらにとっても中途半端になってしまう恐れがある。しかし、何といっても統合の最大の利点は経費が節減できることである。公的予算を切り詰める傾向が続くかぎり、今後も学校図書館兼公共図書館の設置は進むだろうと予想されている。

複合施設がスウェーデンで増えている背景には、学校と図書館、それぞれの事情が相互に絡んでいるという状況があるのだ。

3 スウェーデンの公共図書館の歴史と図書館法

一九九〇年代以降、公的予算の削減が進むなかで、図書館もほかの公共施設と同様、財政的に苦しい運営を迫られている。充実した図書館サービスを提供する司書がいて、図書館を頼りにして頻繁に利用する住民がいるスウェーデンでさえ、公共図書館に割り当てられる公的財源は減る一方である。

それでもなお、スウェーデンの公共図書館が地域社会のなかで一定の位置づけを保持しているのは、この国における図書館文化の歴史的な伝統が影響しているからであろう。ここで、一〇〇年にわたって積みあげられてきた公共図書館の歴史を少し振り返ってみることにする。

民衆図書館の誕生

一八四二年、国民教育令（Stadga angående folkundervisningen i Sverige）が公布され、義務教育が制度化された。これにともない、全国に国民学校（folkskola）が設立された。一九世紀のスウェーデンの図書館といえば、この国民学校に設置された図書室や教会付設の図書館のことであった。そこにあったのは、道徳的な内容をもつ資料ばかりで、住民の興味や関心とは一致するものとはおよそいえなかった。

スウェーデンにおける公共図書館の萌芽は、一〇ページでも述べたように、一九世紀後半から二〇世紀にかけて起こった禁酒運動を中心とするさまざまな民衆運動の一つとして展開された民衆図書館運動に見いだすことができる。スウェーデンの近代図書館は、教会図書館のように上から押し付けられたものではなく、まさに民衆が、自分たちのために造った図書館の誕生によって開花したのである。

読書小屋から公共図書館へ

都市部では一九世紀後半になると、「読書小屋（lässtuga）」と呼ばれる、民衆が読書をするための場所が現れた。一九一二年に「民衆図書館支援法」が制定されたが、これは民衆の自主的な学習に対して、図書を含む財政支援を国が行うことを定めたものである。この法律は、名称こそ図書館支援法となっているものの、コミューンが設立する公立図書館にとどまらず、民衆教育にかかわる団体や民衆団体が造る図書館に対しても国家の補助金が交付されるという柔軟性の高い法律であった。

実際、二〇世紀前半の図書館の数を見てみると、一九三〇年の時点で公立図書館は一二五〇館であるのに対して、民衆の手になる学習サークルに付設された図書館は三四六四館あり(5)、実質的に民間のほうが図書館界をリードしていたことが分かる。

この法律制定にあたって重要な役割を果たしたのが、王立図書館職員であったヴァルフリード・パルムグレン（Valfrid Palmgren・一八七七～一九六七）である。

彼女は近代的な図書館をスウェーデンに広めるために、当時、世界でもっとも先進的な図書館活動を展開していたアメリカに渡り、現地の公共図書館を見て回った。この視察を通してパルムグレンは、公共図書館がすべての市民に平等に開かれていること、そして専門知識をもつ司書によって運営されることが図書館運営の原則であると学びとった。言うまでもなく、アメリカでの体験をまとめたパルムグレンの報告書は、「民衆図書館支援法」の制定に少なからず影響を及ぼすこととなった。

ストックホルム市立図書館の設立

一九一五年に、スウェーデン公共図書館協会（Sveriges Allmänna Biblioteksförening：SAB）が設立されている。一九二〇年代になると司書教育が行われるようになり、パルムグレンの主張した図書館専門職の養成が途に就いた。一九二八年のストックホルム市立図書館（Stockholms Stadsbiblioteket）の設立は、学習サークルに付設された小さな図書館グループが近代的な公共図書館へと移行していくその途上での象徴的な出来事であった。

ストックホルム市立図書館は、もとをたどれば労働者階級の人びとの手によってつくりあげられた民間の図書室であり、それが今日、スウェーデンを代表する公共図書館となっている。ストックホルム市立図書館は、北欧を代表する建築家エーリック・グンナル・アスプルンド（Erik Gunnar Asplund・一八八五～一九四〇）が設計を手掛けたことや、国内最初の本格的な児童図書室を設けた図書館としても知られている。

学習サークルの図書室からコミューンの公共図書館へ

一九三〇年には図書館界にとって重大な出来事があった。それは、「公共図書館に対する国家補助令（SFS 1930:15 Kungl. Maj-ts Kungörelse angående understödjande av folkbiblioteksväsen-det）」が制定されたことである（一〇～一一ページも参照）。

この法律は、国の公共図書館への補助金を定め、図書館の資料や専門職員の整備を図るとともに、住民が誰でも無料で図書館サービスを享受できることを謳っていた。また、地域図書館によるコミューン図書館に対する支援についても初めて言及された。この「公共図書館に対する国家補助令」は、現在のスウェーデンの公共図書館の基本的な性格を定めているといってもよい。

（5）太田、前掲書、二〇四ページ。

コラム2　アスプルンドと ストックホルム市立図書館中央館

ストックホルム市立図書館中央館の現在の建物（写真）は、1924年から1927年にかけて建てられた。設計したのは、スウェーデンを代表する建築家アスプルンドである。

アスプルンドは50代半ばで没したこともあって、それほど多くの作品を遺すことはなかったものの、森の礼拝堂・森の墓地（Skogskapellet, Skogskyrkogården)、カール・ヨーハン学校（Karl-Johanskolan)、ヨーテボリ裁判所増築（Göteborgs tingsrätt, Asplundska tillbyggnaden)、森の火葬場・森の墓地（Skogskrematoriet, Skogskyrkogården、1994年に世界遺産に登録）などの代表作が、北欧の建築家のみならず世界中の建築家に影響を与えた。

ストックホルム市立図書館中央館は、20世紀の建築史を語るにおいて最も重要な建築物の一つであり、世界中からこの図書館を一目見ようと建築家が今でもやって来ている。建築家達にとって、この図書館は北欧建築の聖地のようなものなのだ。

一九三〇年代から一九五〇年代にかけて、国家補助令による法的な裏づけも後押しして、民間の学習サークルに付設されていた図書室は次々にコミューンの図書館へと編制されていった。民間施設がコミューンの図書館になることで、現在のスウェーデンの公共図書館の基盤が徐々にできあがっていったわけである。そして、一九五〇年代になると、国庫補助金が増加して図書館の整備が進み、公的文化機関としての図書館の存在感が高まることになった。

一九六〇年代から一九八〇年代までの図書館サービス

一九六〇年代になると全土に図書館網が行きわたり、全国図書館ネットワークがほぼ完成している。一九六五年には国の一般補助金が廃止され、図書館にかかわる財源の確保と運営は各コミューンの責任となった。通常の図書館サービスはすべてコミューンの予算から支出されることになり、国からの特別補助金は、バスを使った移動図書館の運営費用や視聴覚資料などといった図書以外の特殊資料の整備のために使われた。

一九七〇年代に入って図書館界は、それまでサービスが行き届かなかった利用者への図書館サービスを強く意識するようになった。たとえば、刑務所や高齢者福祉施設、病院などがサービス対象としてクローズアップされ、地域の施設に図書館のほうから出掛けていく「アウトリーチサービス」が盛んに行われた。また、移民の増加によって公共図書館で多言語資料の収集・提供サービスがはじまったのもこの時期である。

現在、図書館が行っているサービスのほとんどは一九七〇年代までに出揃い、図書館サービスはかなりの進展を見せたわけだが、その一方で、もともと存在していた図書館間の格差も顕在化することとなった。

一九八五年には政府の公共図書館に対する補助金にかかわる法律が通過し、政府の図書館政策方針が確立した。この法案は、コミューンの図書館、地域図書館、情報・貸出センターによる政府の補助金の使途目的を定めたものであった。一九九六年に図書館法が再制定されるまで、スウェーデンの図書館政策はこの法律に沿って施行されていた。

図書館法をいったん廃止したスウェーデン

北欧の諸国のなかで、スウェーデンはもっとも早く一九〇五年に図書館法を制定したにもかかわらず、一九六五年にこの法律を一旦廃止してしまっている。再び図書館法が制定されたのは、三〇年以上も経過した一九九〇年代半ばすぎのことである。

隣国のデンマークが一九二〇年に定められた図書館法を改正しながら維持し、今日まで一貫してこの法律に従った形で図書館を運営しているのとは対照的である。なぜ、スウェーデンでは図書館法を廃止したのだろうか。

最大の理由としては、スウェーデンにおける地方自治にかかわる自律志向によるものだといわれることが多い。つまり、公共図書館のような公共施設は、国の法律によって規制されるべきではなく、あくまでも自主独立の精神で自律的に各コミューンの裁量で運営していくべきだとする考え方が法律の廃案に強く働いたというのである。

しかしながら、一九九〇年代に入って顕著になった公共部門の大幅な予算削減という事態が図書館界を直撃している。小規模な図書館や分館の閉鎖などといった深刻な事態に直面し、図書館の存立基盤を支えるためには図書館法が必要であるという論調が図書館界でにわかに高まりを見せた。実際、各コミューンに図書館運営をすべて任せてきたことによって、図書館間の格差が開いてしまったという事実も、図書館法の再制定の大きな動機づけとなった。

再び制定されたスウェーデン図書館法

スウェーデンの図書館法は、一九九六年一二月に再び制定された。法律は、全部で一〇条からなっている。

第1条　本法は、公的に運営されている図書館システム全般を規定することとする。

第2条　読書、文学、情報、啓発、教育、その他の文化活動への関心を促すために、すべての住民が公共図書館にアクセスできるようにする。公共図書館はすべての住民がデータベース情報にアクセスできるようにする。すべてのコミューンは公共図書館を設置しなければならない。

第3条　公共図書館は一般住民に決められた期間無料で図書の貸出をする。上記規定は、コピー、郵送料、それに類似したサービスについて料金を徴収することを妨げない。また、利用者が借出した資料を期間内に返却しなかった場合の料金徴収も妨げない。

第4条　すべてのレーンにレーン図書館が置かれる。レーン図書館はレーン内において、資料の追加的提供と地域的図書館業務の遂行に関してレーン内の公共図書館を支援する。資料の追加的提供のために、一つまたはそれ以上の貸出センターが設置されるべきである。

第5条　教育法は学校図書館についての規程を含む。（二〇一一年七月一日挿入）

第6条　すべての大学の大学図書館へアクセス可能であることとする。これらの図書館は、大学における教育・研究領域に関して図書館サービスを担うとともに、国の他の図書館システムと連携して図書館サービスを提供する。

第7条　コミューンは公共図書館と学校図書館の運営に責任をもつ。ランスティング（レーンの住民を代表する行政組織）は、レーンの図書館と受益所有権のあるレーン内のランスティングが運営する大学図書館に責任をもつ。その他の大学図書館、貸出サービスセンターおよび特別な規定に基づき国が行う図書館運営に関しては、国が責任を負う。
第７条ａ　公共図書館システム全般において図書館と図書館運営機関は協力しあう。コミューンとランスティングは、図書館運営計画を承認する。
第８条　公共図書館および学校図書館は、障碍者や移民、その他のマイノリティに特別な注意を払い、その一環として、スウェーデン語以外の言語や利用者のニーズにあった適切な形式の資料を提供する。
第９条　公共図書館および学校図書館は、児童・若者に特別な注意を払い、言語能力を高め読書を促すために、ニーズに合った図書、情報技術、そのほかの資料を供給する。
第10条　レーン図書館、貸出センター、大学図書館、研究図書館、他の国立図書館は、そのコレクションのなかから資料を無料で公共図書館に貸し出す。また、利用者に質の高い図書館サービスを提供するために、公共図書館および学校図書館と協力し、両者の運営を支援する。

すべての市民が図書館へのアクセスの権利をもつことが、図書館の存在意義として最初に示されている。第３条では、図書館が無料で本を貸し出すことを定めると同時に、複写料金、郵便料金や延滞料など特別の事柄については料金を徴収できることも規定している。また、二〇〇四年に第7条に新しく付け加えられたのは、公共図書館を設置しているコミューンとレーンが図書館活動についての運営方針を策定するという条項である。この決定により各コミューンは、自分たちのコミュニティにおける図書館の位置づけを考慮しながら図書館の運営方針と将来計画を立て、それを公開するようになった。

そして、第8条では障碍者、移民そのほかのマイノリティに対するサービス、第9条では子どもと若者に対するサービスについてそれぞれ言及がある。

図書館法によって図書館の役割と理念が明らかにされたことは、スウェーデンの図書館界にとって、図書館の存立基盤を確認し、それを固めるためにも重要なことであった。

図書館は文化の砦として住民から頼りにされている
（ホーグダーレン地区図書館）

第2章

スウェーデンの公共図書館の実際

——サービス・プログラム・施設

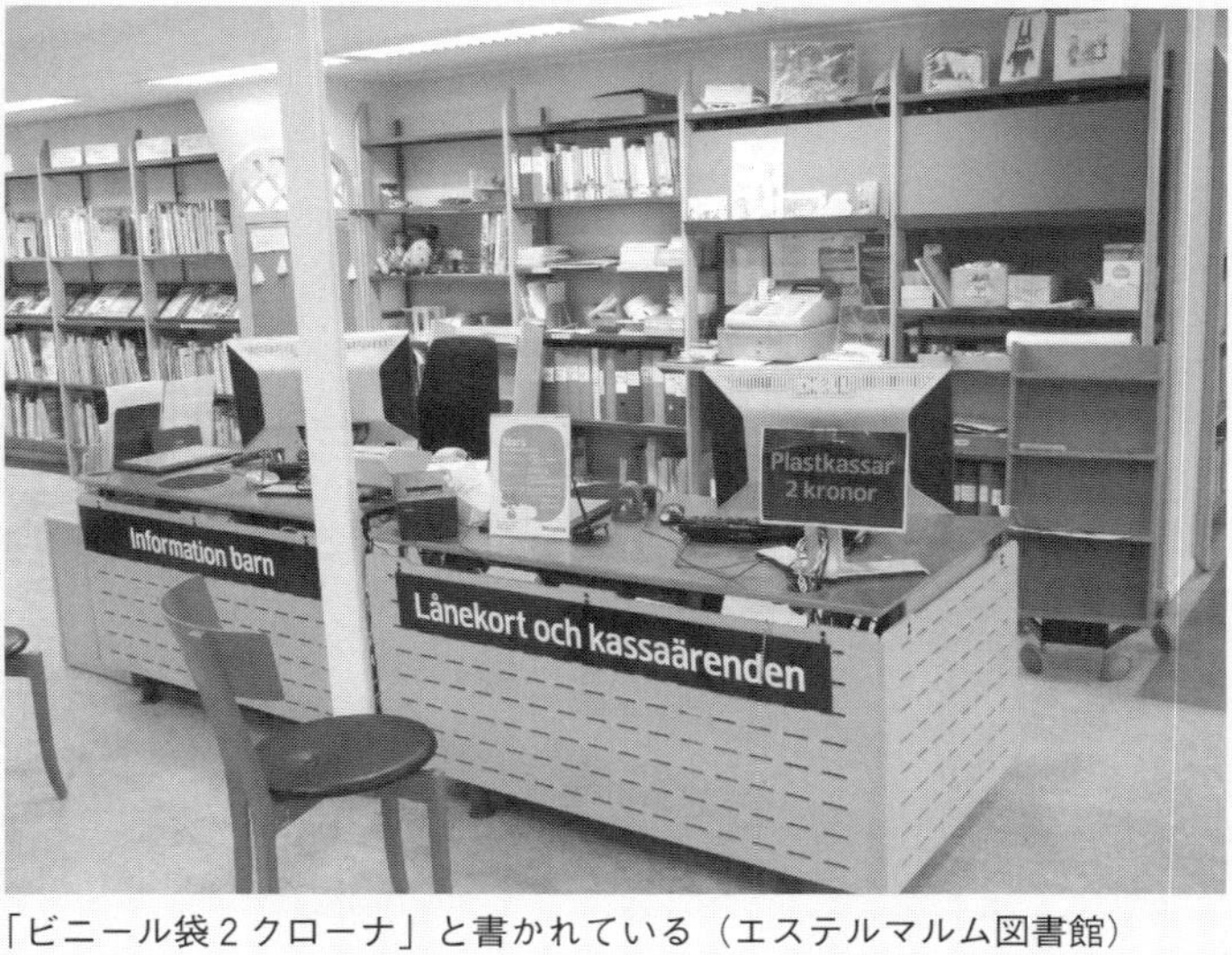

「ビニール袋2クローナ」と書かれている（エステルマルム図書館）

前章において、スウェーデンの公共図書館のおおよその状況や歴史、そして制度をつかんでいただくことができたと思う。本章では、いよいよスウェーデンの公共図書館の実際の姿をご紹介していきたい。そして、図書館で働いている職員の実際の様子や、図書館界が将来に向けて取り組んでいるサービスの構想などもあわせて見ていくことにする。

1 公共図書館サービスの実際——ストックホルム市立図書館を例として

スウェーデンの首都ストックホルムは「北欧のベニス」という愛称のとおり、バルト海に浮かぶ複数の島から構成された美しい街である。緑と水辺が多く、歩いていると、ふと視線の先に広がる美しい海に気付くこともたびたびである。「ガムラ・スタン（Gamla Stan）」と呼ばれる旧市街は、薄暗い路地が続き、歴史的な重みが伝わってくるような趣のある佇まいを見せている。

まずは、この森と水辺の街ストックホルムの市立図書館中央館を例として、開館時間や図書館利用カードのつくり方、貸出規則などを見ておくことにしよう。

世界中から見学客が訪れるストックホルム市立図書館中央館

ストックホルムには中央館・地区館を含めて全部で四六館の図書館があるが、もっとも長い歴史を有しているのがストックホルム市立図書館中央館である。この図書館は、先にも述べたように、もともとは労働者が自分たちの学習の場として造りあげた図書室を起源としている。

中央館は、市の中心部、地下鉄の駅オーデンプラン(Odenplan)から徒歩数分の所にある。東京でいえば丸の内のような場所と表現すれば、その雰囲気が伝わるだろうか。といっても、図書館前の広場には春から夏にかけて毎日屋外マーケットが開かれていて、オフィス街の冷たさは感じられない。私が初めてこの図書館を訪れたのは二〇〇六年の九月初めで、秋になると北欧の人びとが好んで食べる「カンタレル(Kantarell)」という名の黄色のキノコが山と積まれていた。

図書館は直方体と円柱が組み合わされたシンプルな概

ストックホルムでは、街のどこからでも海が見える

中世にできた細い路地が続くガムラ・スタン

ストックホルム市立図書館中央館前の広場

同図書館の屋上から見える風景

観で、オレンジ色の建物は遠くからもよく目立っている。階段を上って中に入ると、円柱部分の外周に沿って設置された書架に取り囲まれた巨大なスペースが現れる（第1章トビラ写真参照）。いかにも図書館を象徴するような迫力あるこの空間が、これまで多くの人びとを魅了してきた。

建物は基本的にアスプルンドが建築した当時のままだが、周りを観察してみると、机の上にはコンピュータが置かれ、入り口には「ブックディテクションシステム（book detection system）」と呼ばれる、資料の不正な持ち出しを検知する装置が備え付けられていた。まぎれもなく、ここは二一世紀の図書館なのだ。

そして、この図書館は、児童・若者部門、視聴覚部門、人文学部門、自然科学部門、さらに別館の国際図書館と新聞雑誌図書室からなるスウェーデンで一番大きい公共図書館でもある。蔵書は九〇万冊を数え、一日の来館者数は三〇〇〇人を超えていることからして、中央館の役割を十分に果たしているといえる。

世界中から注目を集めてきたストックホルム市立図書館中央館だが、現代的な感覚から見るといくつか問題を抱えている。もっとも深刻なのは、書架が複数階に分かれていて、車椅子での利用が困難であることだ。すべての人が容易にアクセスできるバリアフリー建築が主流となっているスウェーデンにおいて、この図書館は時代の流れから取り残されているようだ。

そのため、数年前に歴史的な建造物を活かしつつ、新館を建てる計画がもちあがった。すべての利用者にとって使いやすく、周囲の環境と調和する二一世紀の図書館を実現しようと計画が進められ、コンペによって建築家も決定したが、残念なことに、最終段階に差しかかったところでコミューンの財政難によって新館建築の計画は中止されてしまった。

季節によって変わる開館時間

中央館の開館時間は、朝の九時から夜の九時までとなっている。スウェーデンの図書館は一〇時開館の一九時閉館というところが多いから、ここだけは開館時間がかなり長いことになる。ちなみに、土曜日は一二時から一六時までと短くなっており、日曜日は夏休み期間の六月二〇日前後より八月一〇日前後まで休みで、それ以外は一二時から一六時まで開館している。季節によって開館時間が変わるのは、自然の移り変わりとともに生活様式ががらりと変わってしまう北欧の図書館ならではの慣習といえるだろう。

地区館は週三回しか開かないというところもあれば、住宅街にあって利用者が多いため毎日開館するところまでさまざまだが、中央館に比べると開館時間は短く、土曜日は一一時から一五時ぐらいまで、日曜日は休館というところが多い。

住民でなくても本が借りられる

本を借りるためのカードをつくるのに必要なものは、スウェーデンに少なくとも一年間居住していることを示す身分証明書だけである。居住地は問わないため、ストックホルム市に住んでいなくてもストックホルム市立図書館のカードをつくることができる。ただし、一八歳以下の場合は、所定の書類に保護者のサインが必要となっている。もし、カードをなくした場合の再発行には二〇クローナ（約二四〇円）がかかるシステムとなっている。

貸出期間は原則として四週間で、ほかの人の予約が入っていなかったら延長も二回まではできる。そして、一回で借りられる本は五〇点までとなっている。

手に取りやすい雑誌コーナー（エステルマルメ図書館）

図　ストックホルム地域路線図と図書館の位置

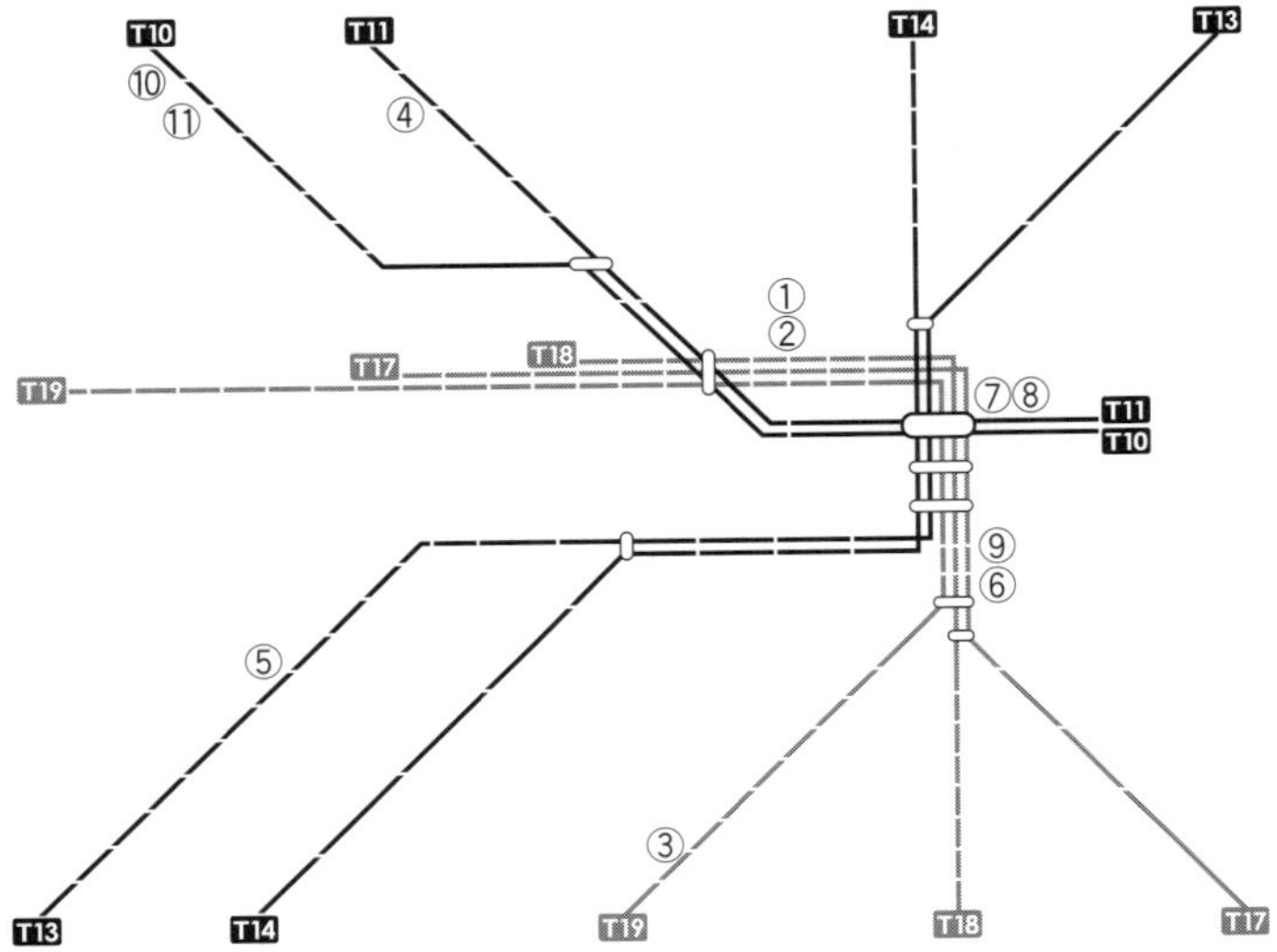

出典：ストックホルム地域交通（AB Storstockholms Lokaltrafik）のウェブサイトをもとに作成　http://sl.se/ficktid/karta%2Fvinter/Tub.pdf

本書に登場する主な図書館

①ストックホルム市立図書館中央館	⑧10歳から13歳
②国際図書館	⑨メドボリアルプラッツェン地区館
③ホーグダーレン地区館	⑩テンスタ地区館
④シースタ地区館	⑪リンケビー地区館
⑤シャールホルメン地区館	⑫フィンスカテバリ図書館
⑥ルマ地区館	⑬アイテ図書館
⑦子どもの部屋	

＊⑫と⑬の位置については x ページの地図を参照。

自分が読みたい本が借りられている場合に予約をすることが可能だが、その場合には料金一〇クローナがかかる。しかし、一八歳以下の子どもの予約は優遇されており、無料となっている。

貸出期限をすぎても資料を返却しなかった場合には、延滞料が科されることになる。図書館における延滞料の徴収については図書館法に明記されており、実際の料金は各館の「図書館規則」で定められている。利用者との間でお金をやり取りすることが多いからだろう、司書のデスクにはキャッシャーが置かれていた。

そういえば、スウェーデンではスーパーマーケットで買ったものを入れる袋が有料だったが、同様に図書館のカウンターにも本を入れるための有料のビニール袋が置いてあった。

キャッシャーが置かれたカウンター（ホーグダーレン図書館）

2 公共図書館の資料

スウェーデンの公共図書館は、現在流通しているすべてのメディアを図書館資料として収集している。図書や雑誌・新聞といった基本的な資料から、カセットテープ、CD－ROMやDVD－ROMといった視聴覚資料、そしてマンガやコンピュータゲーム、データベース、電子書籍など、あらゆるメディアを提供している。

どんな図書館にでもマンガやコンピュータゲームが置いてあるのは、すべての子どもが平等にメディアを楽しむ権利があるという考え方による。平等を社会理念としてもっとも重視するスウェーデンならではの方針といえるだろう。

また、司書が資料を選定するときも、マンガだから収集を控えようとか、本だから積極的に収集しようというような区別はしていない。司書はマンガというメディアを特別視せず、ほか

小さい図書館にもマンガコーナーは必ずある（フィンスカテバリ図書館）

の資料と同じようにその中身について議論している。たとえば、図書館では、過度な性的表現や暴力表現を含む資料を受け入れていないが、この方針はマンガを含む一般図書でも同じとなっている。

とはいえ、マンガは一般図書に比べると柔らかい内容のものが多いのも事実である。図書館がマンガを積極的に収集しているのは、学習から娯楽まで、幅広い内容のメディアを収集して提供する場であることを住民に示すためであろう。つまり、マンガの収集は、図書館コレクションの幅の広さを示す一つの表現方法なのである。

コラム３　本を聴くスウェーデンの人びと

公共図書館に、必ず置いてあるのが録音資料。これは、書籍の内容をそのまま音声化したメディアである。ひと昔前まではカセットテープだったが、今はＣＤに録音されているものが多い。印刷本の発売と同時に録音資料が刊行される場合もあるし、少し遅れて録音版がつくられることもある。

聴く本を選ぶ理由は人それぞれで、例えば高齢になって目を使うことがきつくなって読書の代わりに録音資料を聴く人もいるし、通勤の最中にイヤホンを使って聴くという人もいる。

耳で聴く文化といえば、テレビが主流となった現代においてもラジオを楽しんでいる家庭がまだまだ多い。ラジオ番組のなかには本をテーマとしたプログラムもあって、番組で取り上げられた１冊の図書をめぐって聴取者が意見を述べあったりしている。想像力を働かせるという点では、本とラジオは似ているのかもしれない。

カラフルな書架の秘密

図書館の利用率がとりわけ高い北欧諸国では、本は一〇〇回以上の貸し出しに耐えうるように特別の処理が施されている。本を繰り返し貸し出していくと最初に痛んでくるのは背の部分なので、図書館用の製本では背に特別な処理を施して強化し（写真参照）、さらに全体をビニールフィルムでコーティングしている。このとき、背の部分にカラフルな製本テープが貼付され、その上からタイトルや著者名が印字されることになる。そのため、書架には色とりどりの本が並ぶというわけである（口絵参照）。

北欧の図書館に入って書架を目にしたときに統一感が感じられるのは、この製本テープのせいだろう。付け加えていうと、この製本テープには暖色系が多く用いられているため、書架全体の色合いも明るく感じられるようになっている。図書館が全体的に温かい雰囲気を醸し出

図書館用に頑丈に製本された図書
（デンマーク・ヘルシンゲ図書館）

しているのは、こんなところにも秘密があるのかもしれない。

ところで、これまでは痛みにくいハードカバーの本しか所蔵しなかったスウェーデンの図書館だが、最近では利用者の持ち運びの利便性を考慮して、ペーパーバックを入れる図書館も増えてきた。

資料の選定

図書館が所蔵しているすべての資料は、司書の手によって厳正に選定されたものである。それでは、司書はいったいどのように資料を選んでいるのだろうか。

スウェーデンでは、「図書館サービス株式会社（Bibliotekstjänst：BTJ）」と呼ばれる事業者が、図書館が収集するであろう資料のリスト作成や製本、目録作成などを行っている。そして選書のために、この会社が一か月に二回、オンラインマガジンとして図書館向けの出版情報誌を発行している。この情報誌には、スウェーデンで刊行されるほとんどすべての本が解説付きで紹介されている。また、春、夏、秋にスウェーデンの出版社が共同で刊行している『スウェーデン書店書籍目録（*Svensk Bokhandels Bokkatalog*）』には、作家の紹介や出版動向に関する記事も掲載されている。

司書はこうした専門職向けの目録リストから、図書館にふさわしいと思われる資料を選んでいるのである。なお、日本と同じように図書館にはリクエスト用紙も置いてあって、利用者が図書館に入れてほしい本を頼むことも可能となっている。

出版助成と図書館

先ほど「図書館のコレクションは、資料のプロである司書によって選定されたもの」と書いたわけだが、実は、スウェーデンの公共図書館には司書による選定とは別の「もう一つの」資料収集ルートがある。それは、スウェーデン文化評議会がスウェーデン全土の図書館を対象に行っている「文化評議会助成図書」の頒布ルートである。このことを説明するためには、「出版物刊行支援プロジェクト（Litteraturstöd）」と呼ばれる出版助成制度から話をはじめる必要があるので、少しお付き合いをいただきたい。

「出版物刊行支援プロジェクト」とは、スウェーデン国内の刊行物の質と多様性を高めることを目的に、文化評議会が行っている文化事業である。この事業の対象となる資料は全部で九種類となっている。それぞれ、成人向けフィクション、成人向けノンフィクション、児童図書、絵画作品、マンガ・グラッフィック作品、古典作品、スウェーデン語以外の図書、北極圏に話者が多いサーミ語など少数民族の言語による図書、または少数民族文化に貢献するスウェーデン語の図書および電子書籍である。

このうち「スウェーデン語以外の図書」というのは、スウェーデンを拠点に活動し、スウェーデン企業として登録番号をもつ出版社の応募枠のことである。著作者がスウェーデン在住で、スウェーデン国内で販売されていることが条件となっている。助成が認められるためには、その図書が国内で刊行されていることとともに、装丁や内容が良質であることが条件となっている。ほかの出版助成金を受けているものや、売れ行きが最初から十分に期待できたり、マニュアル書、教科書、専門書、百科事典、旅・料理など趣味の本、宗教書などには助成は適用されていない。

助成図書を決定するのは、本の専門家からなる委員会である。専門家のなかには、著者、翻訳者、批評家はもちろん図書館員も含まれている。スウェーデンの出版界にとって図書館は、「本を読者に届けて読書を振興する」という同じ目標を掲げた大切な共同事業者であり、そこで働く司書は広い意味での同業者となっている。

興味深いのは、この「出版物刊行支援プロジェクト」には、出版助成とともに図書館への頒布事業が含まれていることである。つまり、助成が決まった図書については評議会が半値で買い上げ、全国の主な図書館に配布しているのである。これらの図書は文化評議会から各図書館に定期的に送られており、各図書館のコレクションとして所蔵されている。

詩集や変わったテーマを扱った本など、ちょっぴりマイナーな本からなる助成図書は、どうしても人気のある本に偏りがちな図書館のコレクションに対して、主題の幅と内容の厚みを加える役割を果たしている。つまり、スウェーデンでは文化評議会の書籍頒布活動によって、司書が選ぶ本に加えて、マイナーではあるものの文化的に価値の高い本が評議会からの寄贈によって所蔵されるという仕組みになっているのである。

出版助成制度は、そもそも少数言語であるスウェーデン語を保護することを主たる目的としている。図書館は、この制度によってコレクションの豊かさという面で恩恵を受けると同時に、スウェーデン言語文化の保護に多大なる貢献をしているということになる。選定委員のなかに司書が含まれているのは、助成図書が全国の図書館に寄贈されることによって主に図書館において利用されるからという理由のためである。

いよいよ電子書籍の貸出がはじまった

北欧の公共図書館では、現在は紙の書籍が圧倒的に優勢であるが、デジタル資料の貸出も少しずつだが普及しはじめている。デジタル資料は、主に三つの形態に分けることができる。ＭＰ３形式のオーディオブック、ストリーミング・オーディオブック、そして電子書籍である。それぞれについて説明しておこう。

まず、ＭＰ３形式のオーディオブックであるが、これはダウンロードした音楽ファイルを音楽再生機器で再生し、耳で聴く本である。互換性がある携帯電話でも利用可能となっている。二番目のストリーミング・オーディオブックは、インターネット上の音源に利用者がアクセスして利用するものでインターネットに接続しながら聴くことも、ファイルに保存して聴くこともできる。この二つは「聴く本」なので、五七ページのコラム3で述べた「録音資料」の一種でもある。

三番目の電子書籍は、これから主流となっていくことが予想されている。これはインターネット上にあるファイルを自分のコンピュータにダウンロードして、閲覧したり、専用の閲覧装置を使って読んだりする電子的な形態の本である。本の中身がそのまま一つのファイルに入っていて、そのファイルを開いて本を読むことになる。

スウェーデンにある大手出版社の四社が出資して二〇〇〇年に設立されたデジタル資料配信企業の「Elib《イーリブ》」は、スウェーデン、デンマーク、ノルウェー、フィンランドの出版社と契約して、電子書籍を図書館や小売店に供給している。

電子書籍の場合、コミューンの図書館が個々の資料を自館のコレクションとして所蔵しておらず、レーンの単位で電子書籍貸出のための共同事業連合をつくって、Elibのような電子書籍配信企業と一括契約を結んで利用者に提供している場合が多い。そのため、電子書籍を借りる場合には、自分の利用している図書館のウェブサイトからリンクが示されている地域図書館の電子書籍のサイトに飛び、そこから資料を借りることになっている。

電子書籍を借りる一般的な手順は以下のようになる。まず、自分のコンピュータに、電子書籍閲覧のためのソフトウェアをダウンロードする。それから電子資料検索サイトで自分の借りたい資料を検索してファイルをダウンロードするわけだが、その際には図書館利用のＩＤとパスワードが必要になる。

電子書籍の閲覧は、専用の再生装置やコンピュータだけでなくiPhoneやiPad、携帯電話や携帯端末などでも可能となっている。また、個人で買うには高価な電子書籍再生装置を利用者に貸し出している図書館もある。

電子書籍をめぐる大論争

スウェーデンの図書館でも少しずつ電子書籍の貸出を利用する人が増えはじめた二〇一一年の春、出版業界の専門雑誌である〈書店（*Bokhandel*）〉や日刊新聞〈スヴェンスカ・ダーグブラーデット（*Svenska Dagbladet*）〉の誌上で、電子書籍と図書館をめぐる激しい議論が繰り広げられた。

図書館の関係者はこぞって、印刷された図書と同様、電子書籍に関しても図書館の社会的意義に照らしあわせて利用者への無料貸出が認められるべきだ、と主張した。一方、出版関係者は、電子書籍マーケットにおいて図書館は重要な顧客であり、一冊の本が無制限に図書館で貸し出されることになれば、電子書籍を買って読もうとする人は誰もいなくなってしまう、と反論した。

この議論を通じて、出版業界と図書館界の電子書籍に対する考え方には大きな隔たりがあるという事実が浮かびあがった。

図書館界では、電子書籍を知識や情報をたくさんの人に提供する可能性をもつ有望なメディアと見ている。しかし実際には、電子書籍の貸出には経費がかさむことが電子書籍導入のハードルとなっている。たとえば、Elib《イーリブ》と契約した図書館は、電子書籍が一回貸し出されるごとに二〇クローナ（約二四〇円）の支払い義務が生じることになっている。この二〇クローナの内訳であるが、一〇クローナ（約一二〇円）はElibから出版社へ、残りの一〇クローナはデジタル著作権管理（Digital Rights Management：DRM）の費用に当てられている。

図書館にとって、貸出ごとの支払いはかなりの痛手となる。今後、電子書籍の貸出が増えてきて、その料金のすべてを図書館が負担することになれば資料費は破綻してしまうと図書館の関係者は訴えている。現行の図書館法は、図書館の利用に関しては無料を謳っているため、利用者から貸出料金をとることはできないのである。

図書館側が貸出料とともにもう一つ問題として指摘していることは、電子化されているにもかかわらず、図書館での貸出が認められていないコンテンツが存在することである。図書館で借り出せる電子書籍のタイトルは、個人向けに売り出されているタイトル数のおよそ半分でしかない。しかも、どの電子書籍を図書館での貸出用とするのかについては、電子書籍の供給側が決めているという事実がある。

　図書館側はこの点について、社会的に生産された知識を平等に利用者に分け与えるという図書館の理念が、民間企業の経営方針によってゆがめられていると主張している。だが、電子書籍の配信側はこの批判に対して真っ向から否定し、むしろ、いかにして図書館に電子書籍を流通させていくのか、そのビジネスモデルを真摯《しんし》に模索しているのだと切り返しており、両者の溝が深いことが明らかになった。

　スウェーデンでは、一般市民に本を無料で貸し出すことを図書館の基本的な理念として認めるようになっ

コラム4　スウェーデンの人は本屋には行かない？

　北欧の図書館の利用率が非常に高いことを受けて、北欧は本の値段が高いから個人で買うことがほとんどはなく、多くの人は図書館を通じて本を入手するのだという神話がある。しかし、これは真実ではない。読書のための本の入手先を尋ねると、「書店から」と答える人が一番高く、次いで図書館となっている。最近では、オンライン書店やスーパーマーケットなど、書店・図書館以外の入手先の比率も高まっている。ただし、他の国に比べてスウェーデンでは図書館から本を借りる人の割合がかなり高いため、出版界はこれから普及していくであろう電子書籍に関しては、図書館を巨大なマーケットとして見ている。

ペーパーバックの自動販売機

て、すでに一世紀が経とうとしている。さらに、図書館の貸出によって生じる作家の損失は、補償金制度によって補填することで作家側からの合意も得ている（二一六ページ参照）。つまり図書館は、教育から娯楽まで、市民の情報ニーズを広範囲で引き受ける公的セクターとして社会的に認知されてきたということである。同じ出版活動に携わる者同士とはいえ、図書館活動は出版業界の商業活動とは一線を画してきたのである。この基本的な原則が、電子書籍の登場によって揺らぎはじめたことに図書館界は危機感を抱いている。

何とか両者が歩み寄れる地点まで近づいて、新たなビジネスモデルを構築したいというのが図書館界と出版界の願いなのだが、議論ははじまったばかりである。二〇世紀の初めにスウェーデンの図書館界が打ち立てた資料提供の無料という原則は、一〇〇年経った二一世紀になって、再び大きな挑戦を受けることとなった。

3　公共図書館の施設とプログラム

資料の話が終わったところで、ここからはスウェーデンの公共図書館の施設やプログラムについてご紹介していきたい。

「使いやすさ」と「居心地のよさ」を追求するスウェーデンの図書館

スウェーデンの図書館施設のポイントは、すべての人にとって使いやすいこと、そして心からくつろげる空間であることの二点である。まず、「使いやすい空間」から見ていこう。

すでに言及したように、スウェーデンの図書館は、すべての住民が等しく情報にアクセスできるようにするための機関となっている。そのためには、まず図書館へのアクセスが容易であるとともに、館内の施設がすべての人にとって使いやすいものになっていなければならない。

スウェーデンの公共機関では、障碍者が施設を使うためにさまざまな配慮がなされてきたわけだが、二〇一〇年にすべての施設のバリアフリー化が義務化された。図書館は障碍のある人たちが利用することの多い施設であるため、館内も使いやすく設計されている。

たとえば、資料を探すためのコンピュータが置かれた机が、

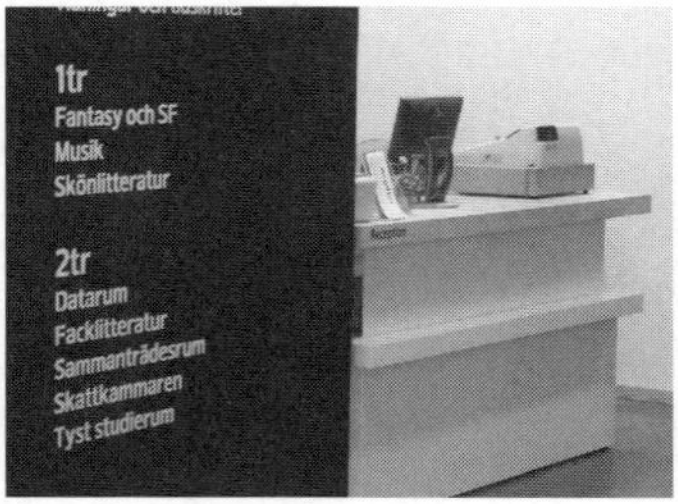

サインもはっきりと分かりやすい（クングスホルメン図書館）

指一本で高さが調節できる資料検索用コンピュータ（クングスホルメン図書館）

スイッチを押すだけで好みの高さに変化する。普段は立ったまま使う高さに設定されているが、車椅子の利用者は位置を低く下げて使うことができる。館内のサインも、はっきりと分かりやすく書かれている。北欧全体にいえることだが、図書館をはじめとする公共施設のサインやパンフレットに使う文字は、どんな人でも認識しやすい書体が使われている。

ちなみに、図書館内のトイレは有料になっている場合と、職員に鍵を貸してもらって使う場合がある。不特定多数の人が立ち寄る図書館では、麻薬中毒者がトイレで麻薬を注射したり、アルコール中毒者が飲酒をしたりする可能性があるため、自由に使えないようになっているのだ。一般の利用者からは、すでに多くの税金を払っているのに、図書館のトイレでまたお金を払うことに対して抗議の声が上がることもある。

次は「居心地のよさ」についてだが、その秘密の一つとして色使いがある。まず気付くのが、館内で暖色系の色がふんだんに使われていることである。赤や黄色でペイントされている書架を使っている図書館が多いし、机や椅子も明るい彩色のものが多い。明るい色を多用することは、冬の厳しい気候と深い関係がある。暗い冬の間、長い時間を過ごす室内を温かな色調で彩ることによって、少しでも気持ちを明るくしたいという願いが人の心を温める、スウェーデンらしいデザインを生み出したといえる。

暖色系が好まれているのは図書館にかぎったことではない。たとえば、地下鉄の車内の手すり

デザイン性の高いブックトラック（ホーグダーレン図書館）

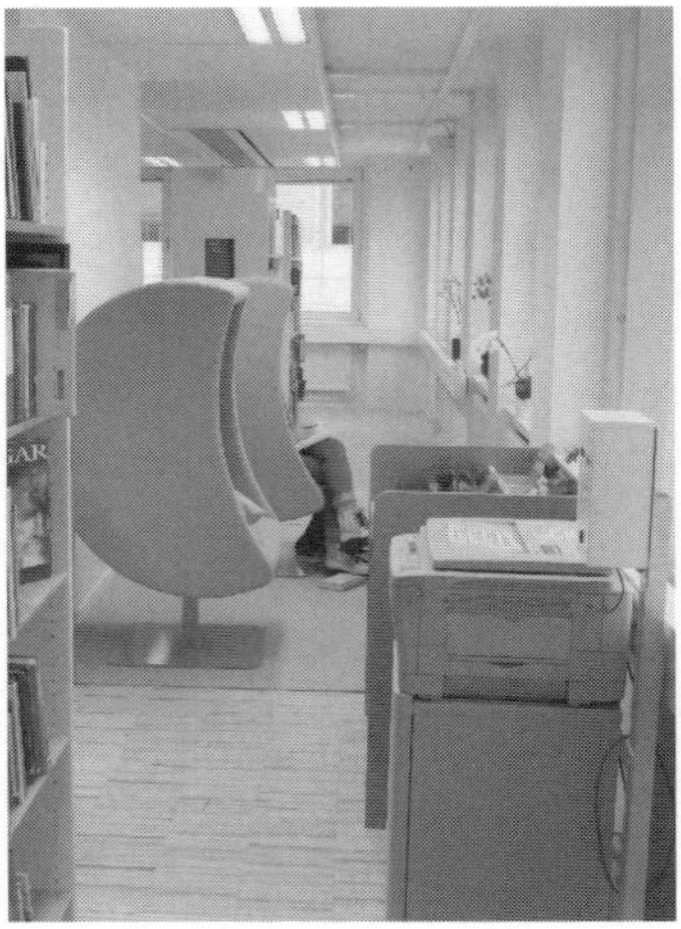

読書に浸るための椅子
（ホーグダーレン図書館）

くつろいで読書できるコーナー
（エステルマルメ図書館）

も全部黄色に塗られている。派手になりすぎないぎりぎりのところで踏みとどまっているところがスウェーデンのデザインレベルの高さを示しているようで、いつも感心させられる。

みんな別々の本を読んでいるのだが、読書という共通の行為を通じて、ゆるやかな連帯感と安心感を得ることができるというのが図書館の醍醐味であろう。そんな気持ちをいっそう強くさせてくれる小道具が、スウェーデンらしい家具であり、利用者を包み込むような館内全体のデザインなのである。

施設というわけではないが司書が使う道具にも、さすが北欧デザインと思わせる秀逸なデザインを発見することも多い。無骨な業務用の図書運搬ワゴン（ブックトラック）でさえも北欧デザインにかかると、しゃれた小道具になる。

セルフサービスが基本

「自分でできることは何でも自分でする」というのが北欧流なので、資料の貸出と返却は、専用の機械を使ってセルフサービスで行うことが原則となっている。予約した図書はまとめて所定の書架に並んでいるので、それもセルフサービスでピックアップして、機械で貸出手続きをする。だから司書は、資料の貸出にわずらわされることなく、利用者からの質問や相談事にゆっくり付き合うことができるのだ。

周りを見わたしてみると、自分で持ち込んだコンピュータを使っている利用者の姿が目立つ。図書館でもインターネットに接続されたコンピュータを提供しているのだが、スウェーデンではコンピュータを持ち歩く人が多いので、多くの利用者は館内の無線LANを通じて、自分のコンピュータからインターネットに接続している。

図書館の集会室はフル稼働

公共図書館は資料だけでなく芸術や文化を提供する場所なので、映画会、コンサート、ワークショップ、講演会などがほぼ毎日のように開かれている。最近では、コンピュータ講習会、語学講座などの学習プログラムにも人気が集まっている。

図書館だけでここまで幅広いプログラムを企画・実施することはできないので、図書館のプログラム

上：予約図書が載ったブックトラック（ホーグダーレン図書館）

左：自動貸出返却機を使って本を借りる利用者（写真提供：国際図書館）

の多くは、コミューンの文化団体や学校、ボランティア団体などさまざまな組織との共催となっている。もっとも密接なかかわりをもつのは民間の生涯学習振興団体で、たとえば「労働者教育協会（Arbetarnas Bildningsförbund：ABF）」は連携先の代表格ともいえる。(1)

図書館が主催するプログラムだけでなく、利用者が自主的につくったサークルが図書館で活動する場合もある。たとえば、仕事を引退した人が中心だが、自分の家系を調べるために図書館を訪れる利用者が結構多い。そういう人たちが家系図サークルをつくって、図書館に定期的に集まって勉強会を開いている。図書館には「Genline（ジェンライン）」と呼ばれる教会のもつ出生情報データや人物の出生にかかわる情報を集めたデータベースがあるので、サークルのメンバーはそれを使って自らのルーツ探しに熱心に取り組んでいる。

ちなみに、集会室はグループ学習やサークル活動などのために自由に借りられるようになっているが、無料法律相談など図書館が定期的に開催するプログラムでも使われている。だから、集会室は朝から夕方までフル稼働である。

プログラムは基本的には集会室で行われるのだが、時には趣向を変えて、書架のあるスペース

---

(1)　スウェーデンで最も伝統ある公認学習協会（一一ページ参照）。一九一二年の創立以来、スウェーデンの生涯教育振興の中核団体として、住民が自主的に作る学習サークルを支援したり、自治体の文化機関と連携して生涯学習プログラムの企画・運営を行っている。

でコンサートやワークショップが開かれたりすることもある。地震がほとんどないスウェーデンではキャスターが付いた書架を使っている図書館も多いため、書架を移動することで自由にフロアを広げることが可能で、書架の合間から楽器の音色が響いてくることもある。

4 司書と図書館利用者

サービスを支える司書とサービスを受ける利用者は、図書館にとって車の両輪のような関係といえるだろう。司書が適切なサービスを提供したりアドバイスをすることによって利用者は図書館を十分に活用することができるし、逆に、利用者がどんどん司書に質問することで、司書のほうはますます専門的な技能を高めていくことになる。

本節では、図書館を育んでいく司書と利用者に焦点を当

キャスター付きの書架（ホーグダーレン図書館）

てて みたい。

スウェーデンでの司書養成教育

一九八〇年代の中頃までは、司書資格が取得できる学校はスウェーデン国内にただ一つ、ボロース大学図書館学校（Bibliotekshögskolan i Borås）しかなかった。その後、ウーメオ大学（Umeå Universitet）が司書課程を開設し、ほかの大学も次々に図書館情報学部を設けるようになった。現在では、ボロース大学（Bibliotekshögskolan i Borås）、ヨーテボリ大学（Avdelningen för informations och biblioteksvetenskap, Göteborgs Universitet）、ルンド大学（Biblioteks- och Informationsvetenskap, Institutionen för Kulturvetenskaper, Lunds Universitet）、ウップサーラ大学（Institutionen för ABM, Historisk-filosofiska Fakulteten, Uppsala Universitet）、リネー大学（Biblioteks- och informationsveten-

ボロース大学図書館学校

出典：ボロース大学図書館学校のウェブサイト
http://www.hb.se/wps/portal/!ut/p/c0/04_SB8K8xLLM9MSSzPy8xBz9CP0os3hXX49QSydDRwN_N0MLAyNjI2cPX2MPT1dfA_2CbEdFALgJE_Y!/

skap, Humaniora, Linnéuniversitet）の五つの大学で司書養成が行われている。

これらの大学で所定の単位を修得した人たちが、スウェーデンで司書として働くことができる。学校図書館では資格が問われない場合もあるが、公共図書館で働く場合、司書資格は必須となっている。もちろん、情報を扱う専門職として、企業や官庁に就職するという道もある。また、古文書保管学専攻をもつルンド大学で勉強した場合は、古文書保管者として美術館や博物館で働くという人もいる。

ウェブサイトをフル活用して情報を入手する司書

簡単なことならインターネットで瞬時に調べてしまうことができる時代だからこそ、利用者は正確で信頼度の高い情報を求めて司書のところに相談に訪れる。では、相談をもちかけられる司書は、一体どこから情報を得ているのだろうか。ここで、こっそり、スウェーデンの司書が仕事に必要な情報を得たり、自らの専門知識に磨きをかけたりするために使う情報源を紹介しよう。

司書が日常業務を行ううえで役立つ情報を発信しているのは、全国に三つある情報・貸出センターによる連合組織ＩＬＳ（Informations- och Låncentraler i Samverkan）である。この団体は、ウェブサイトの運営を通じて司書同士がネットワークを構築したり、自己研鑽に取り組むための有益な情報を提供している。ＩＬＳのウェブサイトのトップページを簡単に紹介していこう。

まず目につくのが、「図書館ブログ（Biblioteksbloggen）」という項目である。ここでは、たとえば新しい情報技術を取り込んだサービスや優れた実践で賞を取った図書館の紹介など、図書館員ならば必ずチェックしておきたい最新情報が常に流されている。そして「ウェブＩＴ（WebbIT）」では、図書館員向けの情報技術にかかわるオンライン研修のための素材が集められている。

たとえば、テキストを見やすくウェブサイト用にデザインするための方法がビデオで紹介されたりしている。各図書館が動画の研修テキストをつくることは予算的に困難だが、ＩＬＳが用意した教材を使えばそうした問題も解決される。最新の情報技術に関する知識は司書に欠かせないため、「ウェブＩＴ」のコンテンツを使って研修を行っている図書館は多い。

「レファレンス図書館（Referensbiblioteket）」という項目では、情報・貸出センターが太鼓判を押す、信頼度の高い情報源へのリンクが載せられている。通常のインターネット情報検索

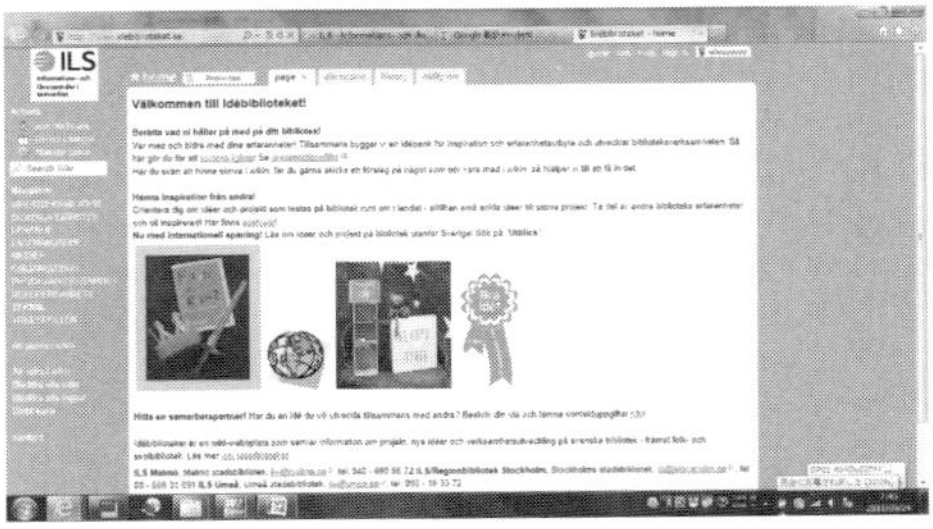

ILS ウェブサイト内の「優良実践アイデア！」コーナー
出典：ILS のホームページ　http://www.idebiblioteket.se/

サイトを使えば多くの情報が一瞬で入手できるわけだが、それが「信頼度の高い情報」であるかどうかは分からない。それに対して、「レファレンス図書館」が提供するリンク集は、情報の専門家である司書が提供する信頼度の高い情報となっている。ちなみに、このページには誰でもアクセスができる。

ほかの図書館で実施されている成功事例を見ながらお互いの経験を学び合う「優良実践アイデア！（Idébiblioteket）」という項目もある。司書たちは、このサイトから自分の図書館で使えそうなアイデアをもらって自館のサービスに活用している（前ページ写真参照）。

一〇〇年近い伝統がある専門職団体「スウェーデン図書館協会」

次は、司書が加入している専門職団体について触れておくことにする。スウェーデンの図書館や司書は、ほとんどの場合「スウェーデン図書館協会」に所属している。この専門職団体は、公共図書館の専門団体として一九一五年に設立されたスウェーデン公共図書館協会と、大学・学術図書館の専門団体として一九二一年に設立されたスウェーデン図書館員協会（Svenska Bibliotekariesamfundet）が統合して二〇〇〇年にできたものである。定期刊行物として〈図書館雑誌（Biblioteksbladet）〉を年一〇回刊行しているが、ここには、司書にとって関心の高い情報が毎号掲載されており、スウェーデンの司書であれば必ずこの雑誌に目を通している。

このスウェーデン図書館協会だが、二〇〇七年に「図書館愛好者（Library Lovers）」と名付けた一大キャンペーンを展開して話題を呼んだ。キャンペーンの目的は大きく分けて二つあった。一つは、公的財源によって運営されている図書館が、政治の舞台に出ていって自分たちの活動を認知してもらう機会をつくること、もう一つは、一九七〇年代から改正されていなかった国家文化政策の改正に向けて政治家にアプローチすることであった。

図書館の予算は、その時々の政治的な要因によって振り分けられる額が大きく変動するため、スウェーデン図書館協会は政治家への働きかけをこれまでも重視してきた。毎年七月の第一週、スウェーデン南西部の島ゴットランド（Goland）の中心都市ビスビー（Visby）の公園に政治家が集まって、さまざまな争点について議論を闘わせる「アルメダレーン週間（Almedalen）」と呼ばれる政治イベントが開催されている。二〇〇七年七月、図書館愛好者のメンバーたちは、これに合わせてビスビーに乗り込み、政治家向けの広報宣伝活動を行った。司書たちは政治家に「図書館愛好者バッジ」やパンフレットを配って、図書館にもっと目を向けてくれるよう、積極的なアピール活動を繰り広げたということである。

キャンペーンのパンフレット
出典：Library Lovers のホームページ
http://www.librarylovers.se/material/Atta_punkter.pdf

図書館活動への住民の参画は？

図書館を認知してもらうという点では、図書館を積極的に支持している住民の存在を忘れることができない。実際、アメリカや日本では、図書館委員会や図書館協議会といった公的諮問組織に住民の代表がメンバーとして加わることでその運営にも積極的にかかわってきた。

一方、北欧では、図書館業務は専門職によって行われるものであるという考え方が強く、図書館を支援する民間団体は一九九〇年代までほとんど存在しなかった。税の負担率が高い北欧では、図書館にかぎらず公的サービスにおける専門職務が社会的に確固たる位置づけをもち、非資格者が専門業務にかかわるということは認められなかったのである。

しかし最近は、こうした傾向にも変化が見られるようになった。公共機関に対して住民参加型の経営手法を積極的に取り入れているイギリスの影響もあって、厳しく制限されていた一般市民の公共機関運営への参画が徐々に北欧でも見られるようになってきたのだ。

その北欧のなかでも、住民参加型の図書館活動がもっとも盛んな国がスウェーデンであり、「図書館友の会（Biblioteksvänner）」と呼ばれる支援グループの結成が一九九〇年代から増加した。アメリカを起源とする図書館友の会は、資金調達から図書館内での業務支援に至るまで、幅広い活動によって図書館をバックアップしている。スウェーデンでは、図書館で実施されるプログラムを企画・運営したり、利用者を増やすためのさまざまなＰＲ活動を行うことによって、図書館友の会のメンバーが利用者と図書館の懸け橋となって活動している。

　ストックホルムにあるクングスホルメン地区館（Kungsholmens Bibliotek）では、図書館友の会が設立されてから一〇年が経っている。作家を図書館に招待して講演会を開催したり、会員同士でほかの地域の図書館を見学して、図書館についての知識を深めるための勉強会を実施してきた。メンバーによる自主活動とはいえ、こうした活動は図書館を間接的に支援していることになる。

　図書館の支援というよりも、図書館運営そのものに乗り出した友の会もあった。ヴェストマンランド・レーン（Västmanlands län）のファーゲシュタ（Fagersta）コミューンで、分館エンゲルスバリ図書館（Ängelsbergs Bibliotek）が財政難で閉鎖されることになったときのことである。

　閉鎖後、この図書館はしばらくの間、図書館友の会のメンバーによって運営されていたという話を聞いた。専門職による図書館業務の遂行が厳密に守られている北欧では、ボランティアが図書館の業務にかかわることはとてもめずらしいことだ。メールで問い合わせてみたところ、ボランティアのソーニャ・モブリン（Sonja Mobrin）さんがその経緯を詳しく教えてくれた。

　一九九九年にコミューンがエンゲルスバリ図書館の閉鎖を決めたとき、図書館友の会のメンバーは、いてもたってもいられず図書館を自分たちの手で存続することを決意した。ちょうどそのときに司書資格をもった人がいたため、彼女が中心となって運営をはじめた。住民が図書館を運営することを知ったコミューンは、図書館の家賃、電気料、電話代、資料費の一部を支援してくれた。足りない分はボランティアが館内でコーヒーやクッキーを提供したり、古本を図書館や町の行事で売ったりして得た収益を当ててきたそうである。

一九九九年から現在まで、この図書館はボランティアによって運営されている。現在、図書館の運営を担っているのは「エンゲルスバリ公共利益団体（Engelsbergsbygdens Intresseförening）」という地域振興を図るNPO団体である。

ボランティアが図書館の管理を引き受けるようになってから、図書館の開館日は土曜日の一〇時から一三時までだけとなった。主要な運営メンバーは六名いて、資料の購入、目録、勤務時間の調整など各自の役割を決めて活動している。それ以外にも、年に数日働く一五名のボランティアがいる。ボランティアは資料の受け入れや貸出など通常の図書館の仕事をしながら、コーヒーを入れたりクッキーを温めたり、ストーブの手入れをしたりと大忙しである。小さな町の図書館が目に

館内の様子

キッチンでお茶の用意をするスタッフ

浮かんでくるようである。

モブリンさんからのメールは「図書館は文化施設であることはもちろんですが、ここエンゲルスバリに暮らす住民にとっては、住民が顔を合わす場所としてとても重要なのです」という文章で締めくくられていた。

すべての住民が等しく情報にアクセスできるようにする公共図書館は、公共施設として各自治体の責任のもとに管理運営がなされることが大前提となっている。図書館に携わる者は、常にこの原則を肝に銘じておかなければならない。しかし現実には、小さな町の分館が閉鎖される状況は続いている。身近な図書館がなくなると決まったときに住民が取りうる一つの選択肢として、エンゲルスバリの例は図書館のオルタナティブな形を示しているのかもしれない。

図書館をたくさん使うのは誰？

スウェーデン図書館協会が二〇一〇年にまとめたパンフレットによれば、図書館を訪れる利用者の年代は一五歳から二九歳までの人が多いことが分かる。その次は、三〇代から四〇代、五〇代から六五歳まで、六五歳から八五歳までの順番となっている。

また、移民が多く住むスウェーデンで、図書館の利用度をスウェーデン出身者、スウェーデン以外の出身者、移民二世に分けて表すと、移民二世の利用が突出して多くなっており、それ以外のグループはほぼ同じ程度利用していることが分かる。読書活動について尋ねた結果に関しても、もっとも積極的に読書をしているのは移民二世であった。

スウェーデンの図書館は若い世代に多く使われている施設であるということ、そしてとりわけ移民二世が図書館を積極的に使っているという事実は、この国で今後の図書館政策を考えていく場合に重要な示唆を与えることになる。

5 二一世紀の図書館サービス

スウェーデンの図書館界は、利用者の図書館離れや電子書籍の出現といった課題に直面している。二一世紀における公共図書館の存在理由と新しい時代にふさわしいサービスの展開を示すべく、いままさに戦略を練っている真っ最中である。岐路に立つ図書館界の今後の方向性を、三つの切り口から考えてみることにしたい。

第一番目は「利用者のニーズに合わせたサービス」である。これは、いつでも利用者が思い立ったときに図書館サービスを受けられるように、図書館のほうが利用者のニーズに合わせてサービスを変化させていこうとするものである。インターネットを基盤としたネットワークを活用して、図書館に来なくてもサービスを受けることができるようにする「非来館型サービス」の充実が、もっとも重要なポイントとなっている。

第二番目は「人間同士のコミュニケーションの場としての図書館」である。これは、図書館を人びとの出会いの場として捉えるもので、一番目とは逆に人間同士が図書館を通じて場所と時間を共有し、コミュニケーションを深めていくことを重視している。

そして、第三番目は「持続可能型の図書館サービス」である。これは、二一世紀のもっとも重要な課題として掲げられている持続可能型社会をめざすスウェーデンにおいて、図書館が貢献できることを模索し、実現させていこうとする動きである。

この三つの観点を、それぞれ詳しく見ていくことにしたい。

会社帰りに図書館へ——地下鉄駅構内の図書館

利用者のニーズに合わせた図書館サービスの例として、最近、ストックホルム市内で増えてきたのが地下鉄の駅構内に設置された図書館である。ストックホルム市立図書館の地区館であるホーグダーレン図書館（Högdalens Bibliotek）をその一例として挙げることができる。別の場所にあったホーグダーレン図書館は二〇〇九年に駅構内に移転し、リニューアルオープンをした。駅の改札口を出たところにあるエスカレーターを上ると、そこはもう図書館の入り口である。

スウェーデンの図書館としてはめずらしく年中無休のこの図書館は、入り口の前に設けられた広めのスペースがラウンジになっている。開館は朝一〇時であるが、ラウンジは平日の朝七時（土日は朝九時）から開いている。グリーンを基調としたラウンジには、ゆったりとしたソファ、図書館登録者が自由に使えるコンピュータ、「メディアジュークボックス（mediejukeboxen）」と名付けられた映画や電子書籍の貸出機器が置かれている。持参したＵＳＢメモリーをこの機器に接続し、ユーザーＩＤとパスワードを入れるだけでコンテンツのダウンロードがはじまる。

また、「世界各国の雑誌（Hela världens tidskrifter）」と書かれたコーナーでは、図書館が契約している雑誌と新聞のデータベースへアクセスが自由となっている。図書館が開いていない時間でもラウンジの機器類を利用することができ、利用者には好評である。

エスカレータを上ったところに図書館がある
（ホーグダーレン図書館）

ラウンジのインターネット用端末とソファ（ホーグダーレン図書館）

ラウンジに置かれた雑誌（ホーグダーレン図書館）

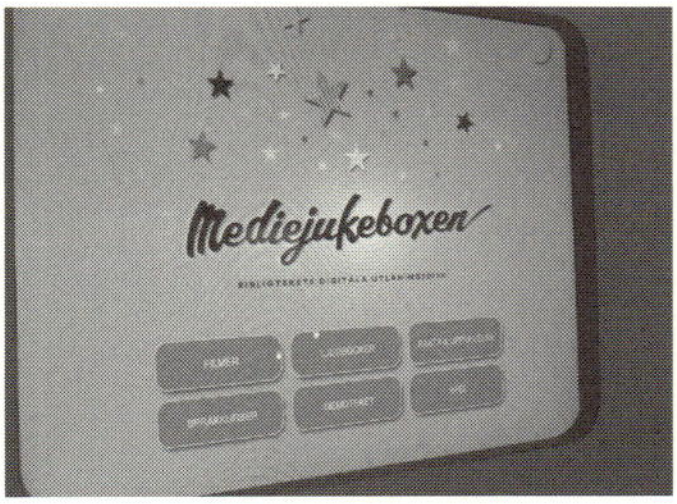

メディア・ジュークボックス（ホーグダーレン図書館）

デジタル資料をダウンロードしているところ（ホーグダーレン図書館）

雑誌・新聞データベースにアクセスできるコーナー（ホーグダーレン図書館）

この図書館はもともと駅から離れた場所にあったのだが、リニューアルに合わせて駅に引っ越してきた。この移転によって、普段はなかなか図書館に立ち寄る時間のなかった人たちが、通勤・通学の途中に気軽に図書館を訪問するようになったという。郊外に住んでいる利用者のニーズに対し、図書館が的確にこたえた例といえる。

図書館が開館していない時間にラウンジを開放して、一部のサービスをセルフサービスで提供しようという試みは、図書館が開館している時間に来館し、司書から直接サービスを受けるという従来の図書館のあり方から一歩先を行くサービスと見ることもできる。現在、ラウンジで提供しているデータベース閲覧サービスや資料のダウンロードサービスのうち、すでに一部は自宅からでも可能であり、ゆくゆくは現在提供している資料サービスのすべてを図書館以外の場所で受けられるようになるだろう。そうなると、「非来館型サービス」が一段と進歩することになる。図書館の開館時間に合わせて来館できない多忙な人にとっては朗報といえる。

キャッチフレーズは「第三の居間としての図書館」

図書館の居心地のよさについてはすでにご紹介したとおりであるが、こうした空間を活かして、地域住民がコミュニケーションをとりあう場としての図書館の重要性がクローズアップされている。硬い本だけでなく、マンガやコンピュータゲームまで何でも置いているのがスウェーデンの図書館である。「第二の居間」というキャッチフレーズどおり、「自宅以外のもう一つの居間として図書館を使ってください」という気持ちが込められている。

実際、スウェーデンの図書館の居心地のよさは世界一といえる。ゆったりとした椅子とテーブル、各コーナーに置かれた植物、暖色系の書架とその中にゆったりと並んだ本。コーヒーを飲みながら読書をしていると、ふとそこが公共の場所であることを忘れてしまい、自分の家にいるような錯覚を起こしてしまいそうになる。

もとより、居心地のよい空間をつくりだすことにかけては特別の才覚をもったスウェーデンの人びとである。図書館にもその才能が余すところなく発揮されていて、どこの図書館を訪れても、利用者を包み込むような温かい空間が用意されている。

それなのに、図書館の利用者の数は年々減っているという。とくに深刻なのは、ティーンエイジャーが図書館に来なくなっていることらしい。おそらく、一〇代の子どもたちにとっては、本以外にコンピュータゲームやインターネットなど、魅力的なものがありすぎるからだろう。図書館界では子どもの読書離れが常に問題として取り上げられており、図書館に足を向けてもらうために司書たちはさまざまな工夫を重ねている。そうした取り組みについては、第4章で詳しく紹介したい。

インターネットは、子どもだけでなく大人の読書活動にも影響を及ぼしている。とにかく、子どもも大人も本をゆっくり読む時間がなくなってきているのが現状だ。本以外のメディアが身の周りにあふれすぎているのかもしれない。新聞を読んだり、テレビを見たりすること以外にも、最近ではSNS（ソーシャル・ネットワーキング・サービス）を利用して、ネット上で友達とコミュニケーションをとる時間も必要になってきた。つまり、読書離れや図書館離れの一因は、メディアの多様化にあるといえそうだ。

読書の場所から出会いとコミュニケーションの場へ

こうした状況のなか、スウェーデンの公共図書館は大きく変化を遂げている。図書館は、本を読んだり資料を借りたりする場所から、人びとが集まってみんなで何かを行う場所へと変わりつつあるのだ。

たとえば、「おしゃべりカフェ（Språkcafé）」というプログラムは、二〇〇八年あたりから盛んになってきた参加者同士の会話を中心としたものである。もともとは、EUが「異なる文化を味わう・新しい人と知り合う・言葉を話す」をモットーに、異文化理解のためにはじめた文化事業がこのプログラムの発端となった。カフェの主な目的は、言語を練習したり言語を通して文化的な関心を共有したりすることで、異なる文化的背景をもつ友達をつくりたいという動機で参加している人もいる。

ＥＵが開催場所として想定していたのは、カフェ、映画館、書店、図書館などの施設であったが、スウェーデンではもっぱら公共図書館がこのプログラムの開催を引き受けている。「おしゃべりカフェ」では気楽な雰囲気で言語を練習することが主眼となっているので、スウェーデンの公共図書館のインフォーマルな感じがプログラムの目的とぴったり合ったようだ。

ストックホルムで実際に行われているプログラムの様子を見てみよう。まず、スウェーデン語の「おしゃべりカフェ」である。これは主に、移民がスウェーデン語の会話力を伸ばすことを目的として開催されている。ストックホルムでは、二〇一一年六月現在、図書館が単独で開催しているプログラムが九つ、図書館と学習協会成人学校(2)が共同で開催しているプログラムが七つある。学習協会成人学校との連携プログラムのほうは、どちらかといえば語学教室としての性格が強くなっており、通常はメンバー制をとっている。進行役を務めるプログラムリーダーは、図書館のウェブサイトにおける公募である。ちなみに、リーダーになると学習協会成人学校が行う語学講座のディスカウントが受けられるという特典があるようだ。

ストックホルム市立図書館シースタ地区館（Kista Bibliotek）で行われたスウェーデン語の

(2)　学習協会成人学校は、一九六七年創設された公認学習協会（一二ページ参照）。コミューンの文化機関と連携を図りながら、スウェーデンに住む多様な文化的背景をもった参加者のための学習の場を提供している。

「おしゃべりカフェ」の様子を覗いてみよう。参加者の条件は、「スウェーデン語でいろいろな人と会話してみたいと思う人」、ただそれだけである。プログラムのメニューは、月曜日の午前はやさしく書かれた本を読む時間、火曜日と水曜日は会話と語学学校の補習、そして木曜日は読書の時間というように分かれている。

スウェーデンに来た移民には、コミューンが無料でスウェーデン語学習の機会を提供しているわけだが、会話上達のコツは、何といっても実践である。そんなこともあって、シースタ地区館で「おしゃべりカフェ」に参加している人には語学講座に通う人たちが多い。つまり、スウェーデン語の基礎を学びながら会話力を伸ばしたいと考えている人たちである。

教える側と教わる側にはっきりと分かれている語学講座と違って、この「おしゃべりカフェ」では、リーダー役のネイティブ話者も、うまく会話ができる人も、

スウェーデン語のおしゃべりカフェの様子
（国際図書館）

習いはじめたばかりの人もフラットな関係となっており、コーヒーを飲みながらリラックスしてスウェーデン語の会話を楽しむことができる。

　もちろん、スウェーデン語以外にもアラビア語、英語、フランス語、イタリア語、日本語、中国語、ロシア語、スペイン語、ドイツ語などの「おしゃべりカフェ」が開かれている。参加者はリーダーと話し合ってその場で何を話すか決め、そのあとは自由におしゃべりを楽しんでいる。もちろん、参加費は無料で予約の必要もない。

哲学カフェ

　会話を楽しむ「おしゃべりカフェ」以外にも、「哲学カフェ（Filosoficafé）」と銘打った、ちょっと硬そうなプログラムもある。しかし、そこは図書館でのプログラム。年齢・学歴を問わず、興味がある人なら誰でも参加できる議論の場となっている。このプログラムを主催するのは、生涯学習支援団体である労働者教育協会である。

　人が集まりやすいことから、図書館が場所を提供することになったようだ。哲学カフェでは、特定のテーマを決めて、参加者がそのテーマについていろいろな観点から話し合っていくわけだが、結論を出したり、参加者の意見を集約したりすることはない。参加者が一つの場所に集まって、考える時間を共有することが哲学カフェの目的となっている。

社会に存在している多様なテーマについて、知らない人同士が心を開いてゆっくりと話し合うという場所を見つけるのは難しい。そこで注目されたのが、年齢・性別・文化的背景を問わずみんなが集まれる公共図書館だった、というわけである。

二〇〇六年から哲学カフェを積極的に開催してきたストックホルム市立図書館の地区館であるシャールホルメン図書館（Skärholmens Bibliotek）のウェブサイトを見ると、テーマとして「宗教史――宗教とは何か?」、「プラトン入門――西洋哲学の基盤」などが挙げられていて、図書館おすすめの本がリストアップされている。もちろん、ウェブ上で興味がある本を予約することが可能なので、じっくり読み込んでから議論に参加することもできる。

哲学カフェの案内
（ホーグダーレン図書館）

お茶の時間は何より大事

そういえば、スウェーデンの図書館プログラムには「〇〇カフェ」と名付けられたものが多い。利用者に気軽な気持ちで図書館プログラムに参加してもらうために、プログラムに「カフェ」という語句をつけることが世界的な傾向となっている。ただ残念なことに、「実際に」お茶が出てくることはあまりない。というのも、北欧を除けば、たいていの国の図書館では飲食が禁止となっているからである。

しかし、スウェーデンだと、「カフェ」と名付けられたプログラムでは正真正銘お茶を飲むことができるし、多くの場合、お菓子も登場する。スウェーデンにはコーヒー好きの人が多いので、コーヒーを楽しむために館内には自動販売機が置かれており、一杯の値段は五クローナ（六〇円）ほどとなっている。ちなみに、カフェがある図書館もよく見かける。

スウェーデンで生活していると、お茶とお菓子が、人と人との関係を一瞬で近づける不思議な道具であることを実感することが多い。スウェーデン語の「お茶しない？（Ska vi fika?《スカ・ヴィ・フィーカ》）」は、何よりも重要なフレーズの一つとなっているぐらいスウェーデン人はお茶の時間をとても大事にしている。

見学のために訪れたある図書館で、朝一〇時のお茶の時間に重なったことがあった。カウンター業務などに就いている人を除き、全職員がキッチン付きのスタッフルームに集まってくる。各自が好きなものをそれぞれ飲むのだが、なかには朝食を食べてこなかったのか、あるいは朝食を食べたけれどもお腹がすいてしまったのか、黒パンにハムやチーズを乗せたオープンサンドのような軽食を食べている人もいた。キッチンにある冷蔵庫には、一般家庭のようにミルクやチーズ、ヨーグルトなどが入っていた。

最初こそ、遠い国から図書館を見にやって来た私に質問が投げかけられたりもしたが、話題はすぐに、前夜に実施されたプログラムへと移っていった。図書館でずっと温めてきた企画だったようで、みんな口々に感想や意見を出し合っている。お茶の時間は、職員同士のコミュニケーションを円滑にするためにも大切なひとときのようだ。

とにかく、一杯のお茶は知らない者同士が話をはじめるきっかけになるし、寒いときは身体も心も温める。その効用を、スウェーデンの人はよく知っているということなのだろう。「カフェ」を冠したさまざまなプログラムは、「人びとの出会いの場」としての図書館を象徴するものといえそうだ。

それでは最後に、「持続可能型の図書館サービス」について考えてみよう。

環境問題に敏感なスウェーデン

北欧は、環境問題に対して非常に意識が高い。自然エネルギーの活用や二酸化炭素排出量の削減についても、国家的な取り組みから日常生活での節約・節電まで、さまざまなレベルで環境問題に取り組んでいる。これら環境問題への配慮は、北欧を短期間旅行しただけでもいろいろな場面で感じることができる。たとえば、ゴミの分別である。自宅でゴミを種類ごとに分けて捨てるのは当然のこととして、ホテルの部屋にも分別用のゴミ箱が置かれている。

さらにいえば、超高級ホテルを除けば、そもそもゴミになるようなものが部屋の中にほとんど見当たらない。バスルームにあるのは、身体を洗うせっけんとシャンプーを兼ねるものとタオル、それがすべてである。

環境問題への取り組みは、市民が自らコントロールできる衣食住すべての範囲に及んでいる。もともと、むやみやたらにモノを買わず、購入したものを最後まで使い切る文化がスウェーデンにはあるのだが、そうした伝統と環境問題の深刻さが相乗効果をもたらして、人びとは環境への意識をこれまで以上に高めているようだ。

食べ物についても触れておこう。スーパーマーケットに行くと、オーガニック食品がずらっと棚に並んでいる。一般市民の、オーガニック食品への関心はとても高いといえる。そのせいだろうか、ストックホルムにはオーガニック生活を楽しむとっておきの場所までが用意されている。

ホテルの部屋に置かれた、内部に三つの仕切りがある分別ゴミ箱

それは、ユールゴーデン（Djurgården）北部

にあるローゼンダール庭園（Rosendals Trädgård）である。この広い庭園では有機農法による農業が行われていて、カフェではコーヒー、紅茶、サンドイッチ、デニッシュ、そして農園の収穫物から調理されたランチを提供している。ご自慢は、パン工房に備え付けられた薪焚オーブンで、時間はかかるらしいが、これでパンを焼くとその焼き上がりがとてもいいらしい。

園内をゆっくり散歩しながら温室の花々を見て回ったり、付設されたお店で有機農法のジャムやハチミツなどを買ったりするのも楽しいが、より深くオーガニック農法について学びたいという人のために、環境、園芸についての講座やワークショップ、オーガニック料理の講習会、パン焼き講習などが開かれている。

ローゼンダール庭園は、一般市民に有機農法について知ってもらいたいという目的で造られ、農園自体が持続可能な環境システムによって営まれている。ここは、スウェーデン市民が楽しみながら環境問題についての知識を深めることができる生きた教室となっている。

スウェーデンには、自然の価値を認めたうえでそれを維持し享受する権利である「自然享受権（allemansrätten）」という考え方がある。この権利は、スウェーデンに居住するすべての人が自然を尊重しながら利用することを認めるもので、一九九八年の「環境法典（Swedish Environmental Code）」でも言及されている。自然享受権により、ほかの人が所有する森であってもそれらを傷つけないかぎり、散策したり生えているベリーを摘み取ったりすることが許されている。(3)

ローゼンダール庭園

園内で収穫された新鮮な野菜

郊外にサマーハウスをもち、自然と親しむことが日常生活の一部となっている人びとにとって、自然が破壊されていることはわが身を削ることにも似た感覚をもっているのかもしれない。環境問題への真摯《しんし》な取り組みは、自然を慈しむ一人ひとりの思いの深さを示しているといえる。

スウェーデンの人びとが何よりも大切にする森と湖

環境問題を考える図書館

さて、図書館ではどのような形で環境問題に取り組んでいるのであろうか。とくに力を入れて取り組まれているのが、子どもたちへの環境教育である。環境教育は幼児のときからはじまり、基礎学校に上がれば、理科や社会、国語などといった複数の科目で環境問題を学ぶようになっている。そんなスウェーデンに、そのものずばり「環境問題」に焦点を当てた公共図書館がオープンし注目を集めている。ストックホルムの地区館のルマ図書館（Luma Bibliotek）である。

この図書館は、手狭になった旧館から一〇〇メートルの所に、二〇一一年、環境教育を活動の中心に掲げた新趣向の図書館としてリニューアルオープンをした。図書館の建物自体、元電球工場をリニューアルした建物を使っている。

ルマ図書館が取り入れたのは、「よみがえるおもちゃ（Retoy）」という環境教育プログラムである。その主旨は、ヨーロッパにおけるエネルギーと資源の浪費に警鐘を鳴らし、持続可能な社会の実現をコンセプトに、子どもたちに働きかけるというものである。ユニセフ、ストックホルム市立図書館、国立科学技術博物館（Tekniska Museet）、そして数社の企業がこの新図書館の運営に携わっている。複数の団体が関係している理由は、環境教育は息の長い活動が必要であり、長期にわたって活動を継続していくためには官民を問わず関係団体の連携が欠かせないからである。

館内には、子どもたちが環境について学ぶためのスペースが設けられ、自ら手を動かすことによって「持続可能な社会」を創造していくことの大切さが学んでいけるようになっている。いろいろな活動があるが、たとえば「おもちゃ交換イベント」は、子どもたちに家からおもちゃを持ってきてもらい、ほかの子どもたちが持ってきたおもちゃと交換するという会である。もちろん、

（３）　自然享受権についての詳しい説明は、岡部翠編『幼児のための環境教育――スウェーデンからの贈りもの「森のムッレ教室」』（新評論、二〇〇七、一一二～一一六ページ）を参照のこと。

環境に配慮してつくられた自然素材のおもちゃで遊んだり、自分でおもちゃをつくったりすることもできる。そのためだろうか、おもちゃのライフサイクルを学ぶワークショップも開催されている。

さまざまな経験を通して、子どもたちは持続可能な環境とはどういうものなのかを学び、環境問題についての正しい理解と、自らがその一員であるという感覚を育んでいくのである。

スウェーデンの公共図書館が今後の目標として掲げている、多様なライフスタイルをもつ利用者ニーズへの対応、コミュニケーションの場の創出、環境問題への取り組みといったことは、二一世紀の社会的課題そのものといえるだろう。

第3章

スウェーデンの小さな図書館の物語

フィンスカテバリ図書館の小説コーナー

スウェーデンという国を改めて見ると、ストックホルムのような大都会はむしろ例外的で、人口一万人以下の小さいコミューンが大多数を占めていることが分かる。たいていの都市にあるような文化施設、たとえばコンサートホールや劇場などはそんな小さな町にはない場合が多いため、それらのコミューンでは図書館が文化の発信地となっている。

本章では、フィンスカテバリ（Skinnskatteberg）という小さな町の図書館に読者のみなさんをお連れして、地域の文化センターとしての役割を果たしている小さな図書館の様子をお伝えしたい。

1 フィンスカテバリ図書館の概要

湖と森に囲まれた町フィンスカテバリ

フィンスカテバリは、ストックホルムから北西に一八〇キロほど行った所にあるヴェストマンランド・レーンのコミューンの一つである。レーンの中心都市であるヴェステロース（Västerås）はストックホルムに通じる鉄道網が通っているため、一時間以上はかかるが、ストックホルムまで通勤している人も多い。一方、フィンスカテバリからはストックホルムに直接行くことはできない。まず、バスでショーピング（Köping）という町に出て、そこからヴェステロースを通過する電車に乗り換えなければならない。交通の便の悪さもあって、一九八〇年代には五〇〇〇人を超えていたフィンスカテバリの人口は、現在では四四〇〇人ぐらいまで減少してしまっている。

この町の魅力は、何といっても豊かな自然にある。過疎化に悩みながらも、コミューンでは自然に囲まれた美しい風景や物価の安さ、地価の安さなどをPRしている。実際、フィンスカテバリにサマーハウスを構える人もたくさんいる。

主な産業は軽工業で、なかでも換気扇製造メーカー「システムエアー（Systemair）」は、世界各国に製品を輸出していることで有名である。このシステムエアーの工場がフィンスカテバリにおける主たる職場となっているが、近郊の町に働きに出ている人もいる。

また、この町には、スウェーデン農学大学森林経営学部（Skogsmästarskolan, Sveriges Lantbruksuniversitet）のキャンパスがある。森林経営学士（Bachelor of Science in Forest Management）の学位を取得するために、スウェーデンの学生のみならず世界各国から来ている留学生がこのキャンパスで学んでいるのだが、卒業後は森林に関する専門家として指導にあたるため各地に散ってしまい、フィンスカテバリに卒業生が残ることはほとんどない。

スウェーデン農学大学森林経営学部

資料の展示コーナー（フィンスカテバリ図書館）

公共図書館と学校図書館が一つの屋根の下に

町の中心部に位置しているフィンスカテバリ図書館は、学校図書館との複合施設となっている。一九八二年、それまでは別の場所にあった公共図書館が、クロッカーべーリ基礎学校（Klockar-bergsskolan）の図書館に統合された。今でこそ、スウェーデン各地で公共図書館と学校図書館の複合施設が造られるようになっているが、その当時は、館種の異なる二つの図書館が一緒になるというのはかなり珍しいことだった。

公共政策予算が削減されつつある現在、公共図書館と学校図書館が統合されるのはもっぱら経済的な理由からである。しかし、フィンスカテバリ図書館の場合、学校と図書館の統合が実施された時期は、スウェーデンが経済危機に陥る前の一九八〇年代のことである。もちろん、運営統合に関して経済的な理由がなかったとはいえないが、主たる目的は、二つの図書館を一緒にしてサービスを向上させることだった。

とりわけ、学校図書館のパワーアップが強く望まれていた。というのも、当時は学校図書館には司書資格をもつ専門職員がおらず、教員が本務の片手間に週一〜二時間ぐらい図書館の仕事にあたっているという状況だったし、学校図書館に所蔵されていた蔵書もかなり貧弱なものだった。公共図書館と統合すれば、子どもたちは充実したコレクションに接しながら司書から専門的なアドバイスを受けるチャンスができるということで、この二つの施設が統合したわけである。

図書館スタッフ

フィンスカテバリ図書館のスタッフは三名体制となっている。成人サービス担当司書（Vuxenbibliotekarie）兼館長が一名、児童司書（Barnbibliotekarie）が一名、そして図書館アシスタントが一名いる。フルタイムの職員の勤務時間は八時間となっているが、これは純粋な勤務時間であって休憩時間は含まれていない。だいたい午前と午後に一五分ぐらいの休憩時間があり、それとは別に昼食休憩を三〇分ぐらいとっている。週のうち三日間は一九時まで開館しているので、そのときは誰かが出勤時間を遅くするなどして対応している。

学校図書館との複合施設ということもあって、とにかく授業のある時間帯は職員総

館内の絵本コーナー

出でサービスにあたっている。一年生から九年生までの子どもたちに充実した図書館サービスを提供し、本に接する時間をもっとたくさん与えたいという願いから、子どもたちがいる間はとにかくサービスに全力投球となっている。

気の毒なのは夏の休暇である。スウェーデンでは、労働者は夏に五週間まとめて休暇をとる権利を有しているが、フィンスカテバリのような小さな図書館で司書が一斉に休暇に入ってしまうと、夏の間、図書館が閉まったままとなってしまう。いくら休暇のシーズンとはいえ本を読みたい人はいるし、サマーハウスに来た人たちにとって夏休みはまとまった読書をするチャンスとなっているため、職員たちは交代で夏休み

図書館司書のアンデシュ・ペッテルション（Anders Pettersson）さん

をとり、なるべく休館日を少なくするように配慮している。

フィンスカテバリ図書館は、コミューンの文化・レジャー部門（Kultur – och Fritidssektor）の下部組織となっている。この部門の下には観光や生涯教育にかかわる部署があるため、こと予算に関しては図書館はそうした部署と競合関係にあるといえる。文化・レジャー部門長と粘り強く交渉して、図書館に必要な予算を獲得することが館長に課せられているもっとも重要な仕事の一つである。

とはいえ、小規模図書館の館長は、大規模図書館のように管理職の業務に専念できるわけではない。利用者へのサービスもこなしつつ、図書館全体の運営管理にあたりながら予算折衝の仕事も行っている。言うまでもなく、どの仕事も図書館の将来を大きく左右する大切な仕事なので、おろそかにすることはできない。

常連たちの朝の日課

さて次は、図書館の利用者について紹介していこう。学校の子どもたちを除けば、図書館の常連は退職者となる。ただし、学校図書館と一緒になっているフィンスカテバリ図書館では、普通の図書館のように、静かにゆったりと過ごすことはかなり難しい。フロアに目をやれば、そこには常にエネルギッシュな子どもがいるのだ。良くいえば「活気ある」、悪く言えば「騒々しい」

図書館なのである。

席が子どもたちに占拠され、一般利用者が座るところがなくなったりすることは日常茶飯事である。そんな雰囲気をわずらわしく思う人がいない、といえば嘘になるだろう。それでも、とにかく退職者たちは図書館にやって来る。とくに、朝早くやって来る人は新聞の閲覧が主な目的となっている。自宅で新聞を取っている人も、図書館に来て複数の新聞にゆっくり目を通す時間をもつということは、退職者にとっては何事にも代え難い幸福なのだ。

開館時間は子どもたちにあわせて

開館時間についても、複合施設ならではの悩みがある。フィンスカテバリ図書館では、常に子どもたちへのサービスを最優先して活動を進めているわけだが、それは開館時間も例外ではない。だが、そのことによって一般利用者の利用時間帯とずれが生じてしまうという現状がある。

子どもたちは朝の八時には学校に来るから、スタッフは一般的な公共図書館の開館時間よりもかなり早く、朝八時には勤務に就いていなければならない。職員のうち誰かが出勤時間を遅くして閉館の一九時まで働くなど、勤務時間を融通しあって対応しているが、三人のスタッフだけで毎日朝八時から一九時まで開館するというのはとうてい無理な話となる。そのため、フィンスカテバリ図書館で夜間開館ができるのはかぎられた曜日となってしまう。そうなると、フルタイムで働いている利用者にとっては、平日の夜に利用することが難しい。勤務後や週末に図書館に行っても、閉館でがっかりということが多いのが悩みの種となっている。

こうした開館時間に関する悩みは、フィンスカテバリにかぎらず、小さなコミューンの図書館で起こりがちな問題といえる。ストックホルムのような大都市であれば、利用者のニーズが常に最優先となっているため、図書館側の負担に関しては目をつぶり、利用者の要求にあわせてサービスを提供している場合が多い。都会の図書館が二一時ぐらいまで開館しているのは、すべて利用者の便宜を考えてのことなのだ。

本当のことをいえば、一九時以降は、それほどたくさんの利用者が図書館に来ているわけではない。しかも、一九時以降に職員を働かせるためには特別手当を払わなければならないため、夜間の開館は労多くして得るものは少ないのだ。それでも利用者のニーズにこたえることを図書館の最優先課題とし、多少図書館にとっては無理があっても夜間の開館を実施しているというのがスウェーデンの都会の図書館の傾向である。このような背景のもとに恩恵を受けている都市の住民に比べて、小さな町に住む利用者は、残念ながら不利益を被っているといわざるをえない。

医療用マイクロバスで他館の本がやって来る

フィンスカテバリのような小さい図書館だと、利用者からリクエストされた本がなくて、ほかの図書館から資料を取り寄せる「相互貸借」を利用する機会も多くなる。先にも述べたように、スウェーデンではレーン内で図書館のネットワークが形成されているため、分館と近隣のコミューンの図書館、あるいはレーン内の図書館同士で本の貸し借りができるようになっている。

どこの図書館にどんな資料があるかはコンピュータですぐに分かるが、問題になるのはその本をどうやって運ぶかである。郵便を使うと、言うまでもなくそのたびに料金が発生してしまう。そこで、本の運搬にかかる経費を抑えるためにフィンスカテバリでは、レーン内を走っている医療関係のマイクロバスに本を乗せて運んでもらっている。

このバスは、医療関係の物品を届けるために病院間を巡回している。フィンスカテバリの医療センターにバスが来るのは週三回ぐらいで、図書館はコミューン内の配達担当者に資料を預け、医療センターまで運んでもらっている。医療用血液と図書館の本が同居している光景にやや違和感も覚えるが、図書館だけのためにマイクロバスを走らせることからすれば大変効率的なシステムといえるだろう。

ただし、本の貸借について一つだけ例外がある。一九九〇年代以降、フィンスカテバリに増加したソマリア難民やクルド難民などの母語資料についてはレーン内で調達できないケースも多く、その場合には、ストックホルム市立図書館にある国際図書館から本を取り寄せている。

広報活動はもっぱらローカル紙〈0222:an〉

小さな町の図書館の広報活動についても説明しておこう。フィンスカテバリ図書館の広報ツールの定番といえば、ずばり、全戸に配布されている地域広報誌となる。

フィンスカテバリでは、〈0222:an〉という広報紙が毎月発行されている。ちなみに、「0222」とはフィンスカテバリの市外局番である。図書館は、この広報誌に毎号スペースをもらってさまざまなお知らせを掲載している。お知らせには、開館時間などの基本的な情報に加え、図書館が実施する最新の行事についての情報などが掲載されている。

地元新聞に広告を出すときもあるが、広告料金が高いため、予算の少ない図書館としては、より安い料金で情報が伝えられ、しかも全戸に配布される〈0222:an〉を広報活動の中心にしているわけである。

そのほかにお金がかからない広報の仕方といえば、地元住民が行きそうな場所、たとえば診療所、銀行、スポーツセンターなど

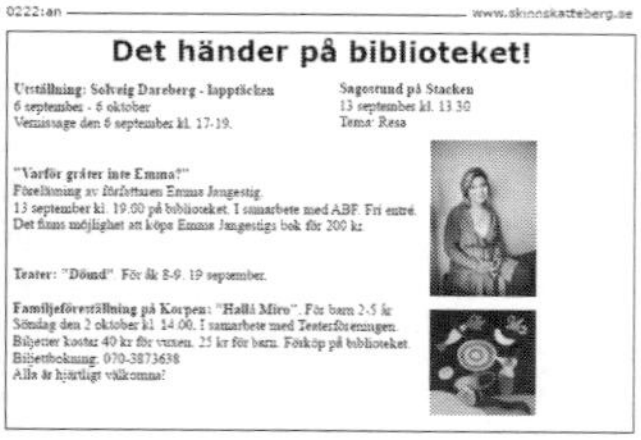

0222:an — www.skinnskatteberg.se

Det händer på biblioteket!

Utställning: Solveig Dareberg - lapptäcken
6 september - 6 oktober
Vernissage den 6 september kl. 17-19.

Sagostund på Stacken
13 september kl. 13.30
Tema: Resa

"Varför gråter inte Emma?"
Föreläsning av författaren Emma Jangestig.
13 september kl. 19.00 på biblioteket. I samarbete med ABF. Fri entré.
Det finns möjlighet att köpa Emmas Jangestigs bok för 200 kr.

Teater: "Dömd". För åk 8-9. 19 september.

Familjeföreställning på Korpen: "Hallå Miro". För barn 2-5 år
Söndag den 2 oktober kl. 14.00. I samarbete med Teaterföreningen.
Biljetter kostar 40 kr för vuxen. 25 kr för barn. Förköp på biblioteket.
Biljettbokning: 070-3873638
Alla är hjärtligt välkomna!

〈0222:an〉に掲載された図書館のプログラム

0222:an

Skinnskattebergs kommun

Kommunfullmäktige
sammanträder
Måndag 19 september
klockan 18.00
i Sessionssalen,
Kommunhuset

Allmänheten hälsas
välkomna!

TEATERRESA 12/11 2011
Se och hör
musikalen

SPELMAN PÅ
TAKET
på Magasinet i Falun

フィンスカテバリ・コミューンの広報紙〈0222:an〉

にポスターを貼って回ることぐらいだろう。図書館としては、広告費にお金をかけるぐらいだったら一冊でも多くの本を買いたいということである。

2 公共図書館と学校図書館の連携

すでに述べたように、フィンスカテバリで公共図書館と学校図書館を一緒にした背景には、学齢期の子どもたちが、定期的に公共図書館を利用できるようにという思いがあった。たとえ、子どもの家庭が図書館や本とは縁遠い場合でも、少なくとも学校に行っている間だけは図書館や本に接してほしい、家庭環境の相違による子どもたちの不平等をなくしたい――これはフィンスカテバリだけでなく、「すべての子どもが平等に教育を受けるべきである」とするスウェーデンの教育目標である。

フィンスカテバリ図書館では、設立時の理念に沿って、とにかく子どもたちが図書館と接する機会をなるべく増やすように日々努めている。ここからは、その主役となる、学齢期の子どもたちに対するサービスについて見ていくことにしたい。

学校教育に図書館を組み込む

フィンスカテバリ図書館では、二〇〇九年三月に「図書館・就学前学校[1]・学校の連携：目標と活動計画（*Mål och Handlingsplan för Samarbetet mellan Bibliotek, Förskola och Skola*）」を策定した。この文書には、図書館と学校の連携にかかわる次のような五つの原則が掲げられている。

❶図書館が学校の情報センターとなること。
❷児童の知識と教員の情報活用能力を図書館が伸ばすこと。
❸図書館が、子どもたちの読書を刺激する存在となること。
❹図書館が教育の一部を担うこと。
❺図書館計画を定期的に見直しすること。

これらは、図書館と学校が同じ敷地内にあるフィンスカテバリ図書館の特徴を最大限に活かした活動計画といえるだろう。また、図書館と学校の教育課程との連携、つまり時間割に図書館利用が定期的に組み込まれていることは併設館ならではの利点である。

フィンスカテバリ図書館では、就学前教育期間にあたる六歳児から学校を卒業する九年生まで、それぞれの学年で図書館利用にかかわる活動を決めている。六歳児の場合、図書館を利用するために図書館カードをつくるところから図書利用館教育がはじまる。一年生から最終学年の九年生までは、特定のテーマに関する関連図書を、解説を加えながら説明していく「ブックトーク」の時間が必ず設けられている。

ブックトーク以外には、図書館と情報活用能力を修得するためのプログラムが九年間通して組まれている。三年生までは図書館の使い方を、四年生から五年生にかけては情報検索の方法について学んでいる。六年生は情報源について学び、七年生、八年生は情報源についての批判的な見方を学ぶ時間が設けられている。そして、最終学年の九年生になると、情報検索、情報源に対する批判的視点、探索の戦略について学び、基礎的な情報スキルが卒業と同時に身につくようにしている。

スウェーデンでは、学級全体で公共図書館を訪問することがよくあるわけだが、フィンスカテバリのように同じ敷地内に公共図書館がある場合には、こうした利点を十分に活用すべく、低学年での読み聞かせから高学年になってからの資料を用いた調査まで、図書館が子どもたちの学びのなかに無理なく組み込まれていることがよく分かる。

（1）就学前学校（Förskola）とは、一歳児から六歳児までを対象に各コミューンが実施している、就学時前の教育施設のことである。一九九六年に保育が教育制度のなかに組み込まれたことにより、保育園（Daghem）と幼稚園（Lekskola）が就学前学校に一体化した。

教員と司書は教育のパートナー

各教科の進度にあわせ、特定のテーマで本の紹介をしたり、ブックトークをしたりすることは司書の重要な仕事である。スウェーデンでは、高学年になると各教科をそれぞれ専門の教師が担当するようになっているのだが、科目の垣根を越えて、複数の科目の教員が協力して一つのテーマを教えることもよくある。

たとえば、古代ローマについて勉強する場合を例に挙げてみよう。美術の時間には、ローマの絵画や彫刻について学び、国語の時間にはローマ文学を、社会の時間には古代ローマに関する歴史的背景などを教わる。さらに、司書がテーマにあった資料をすすめてくれる、といった具合である。科目を横断して複合的な知識を得ることで、子どもたちは多様な角度から古代ローマについての知識を深めることができるようになっていく。

このように、科目の垣根を越えて教員同士が協力して教えていくためには、教える者同士の事前調整が欠かせない。教員同士は日ごろから接する機会が多いので可能だが、教員と司書の関係をいかに構築していくかについては、一般的に課題となっている場合が多い。だが、フィンスカテバリの場合は、一九八二年という早い時期に学校図書館と公共図書館が統合したこともあって、教員は図書館の重要性をよく理解しているし、日ごろから図書館に親しんでいるために司書とのコミュニケーションもスムーズなものとなっている。

あらゆる機会を捉えて図書館に親しんでもらう

　子どもたちが本に接する機会が少しでも多くなればという願いを込めて、実験的な試みも含め、フィンスカテバリ図書館ではかなり意欲的に読書推進プログラムを実施してきた。その一つに、「相互読み聞かせ」というものがある。これは、低学年の子どもたちが友達同士で、図書館から借りてきた同じ本をお互いに読み合うというものである。また、「一日一五分」という宿題が出されることもある。こちらは、子どもが親に毎日一五分間本を読んで聞かせるというものである。子どもが三人もいる家庭になると、聞く側の大人も結構疲れるのかもしれない。

「相互読み聞かせ」も「一日一五分」も、いずれも読み聞かせをするのは子どもたちである。途中でつかえたり、まちがったりすることのほうが多いだろう。大人が子どもにスラスラと読み聞かせるのとは違った効果を、読み手と聞き手の双方に与えているように思う。

　図書館が提供しているのは資料や本だけではない。先にも述べたように、「本物の文化」に触れる機会を与えるのもこの図書館の役目となっている。大都市に比べて本格的な文化施設をもたないフィンスカテバリでは、学校図書館がさまざまな文化公演を提供している。たとえば、作家を招聘《しょうへい》することもあるし、コンサート、ダンス、演劇の公演も図書館で行われている。文化公演は学校の授業にも組み込まれていて、六歳児から九年生までの在学期間中に、すべての文化プログラムが経験できるようになっている。

これら文化プログラムのアレンジは司書の仕事である。つまり、小さな町の司書は、文化全般にかかわるコーディネーターの役割も果たしているのだ。もちろん、司書だけでプログラムを進めることは難しいので、ヴェステロースの地域図書館にいる児童コンサルタントや各レーンに配属されている音楽・ダンス・演劇のコンサルタントが、作家の招聘《しょうへい》やほかの文化プログラムに関してアドバイザー役を務めている。このような文化プログラムの担当者に向けたモデル発表会なども開かれており、司書は、時には先生や子どもといっしょに実演会に参加したりして、自分たちの学校にふさわしいプログラムを選択している。

3 小さな図書館のプログラム

赤ちゃん時代からはじまっている図書館サービス

スウェーデンでは、母親・父親合わせて四八〇日の有給育児休暇がある。普段は日中働いていて図書館に来られない人も、育児休暇中には、乳児を連れて図書館に来ることが多い。そういう人びとのためにフィンスカテバリ図書館では、「乳児と保護者のための音楽の時間」と称して、童歌を歌ったり、歌にあわせて手遊びをしたりする特別のプログラムを用意している。大きなコミューンであれば外部から進行役を連れてくることも多いのだが、小さいコミューンでは予算面でも人材面でも外部講師を呼ぶ余裕がないため、司書が企画から当日の進行役まですべてを担っている。だが、参加者のなかにたまたま音楽に詳しい人がいる場合などは、その人に進行役を務めてもらうこともある。

これ以外には、小児保健センター（Barnavårdscentral：BVC）や妊婦保健センター（Mödravårdscentral：MVC）と連携した乳児対象のサービスも行われている。司書は各センターで働く看護師に、子どもの発達において読書がいかに重要な役割を果たしているのか十分に説明したうえで、保健所に定期健診に来る親子に対して、看護師から図書館のパンフレットをわたしてもらっている。

また、看護師が妊婦と定期的に話し合うミーティングのうち、一回は図書館で実施してもらって司書が図書館の紹介をしたり、まだ持っていない人には図書カードを発行したり、子育てに役立つ本を保護者に紹介したりすることもある。それ以外にも、育児休暇中の親子のためのオープン型就学前学校(2)へ定期的に出向いて、本の読み聞かせを司書が行ったりもしている。

(2)（Öppen förskola）保護者が日中働いていない子どもを対象とした、保護者と子どもがともに通う地域の保育施設のこと。

保健所の話が出たついでに、診療所の図書コーナーについても紹介しておこう。フィンスカテバリは小さい町だから総合病院はないが、診療所と歯医者と薬局がいっしょになった施設がある。そこには、図書館の本が置かれている。古い本と新しい本を入れ替えるために、司書は待合室にふさわしく気軽に読める本を図書館からピックアップして、定期的に診療所を巡回している。

小さい町の図書館には大都市のようにたくさんの分館があるわけではないから、利用者に資料を届けるためには、図書への「アクセスポイント」を可能なかぎり増やす必要がある。診療所の待合室の本棚も、そうしたアクセスポイントの一つなのである。高齢者福祉施設に本を届けたり、そこで高齢者向けにブックトークを行ったりすることも司書の大切な仕事となっている。

就学前の特別プログラム

スウェーデンでは、小学校に入学するのは六歳の秋である。入学前の一年間は就学前教育の期間と位置づけられ、義務教育前の六歳児のほとんどが基礎学校に併設された就学前クラス（förskoleklass）に通っている。

フィンスカテバリ図書館では、入学前の三月に、本を使った特別なプログラムを子どもたちに提供してきた。一冊の絵本を選んで、それを材料にして子どもたちにさまざまな活動の機会を与えるのだ。本の内容を劇にすることもあれば、お話の続きを書くこともある。クラスごとに取り組む課題を決め、一つの活動に取り組んでいる。

五月か六月には積み重ねてきた活動の発表会が開かれ、その際、活動の題材として取り上げられた本を書いた作家と、場合によってはイラストを描いた画家が招かれる。そして、発表会の席上で、作家が子どもたちにその本を一冊ずつプレゼントすることになっている。

これまで子どもたちは、一冊の本を通してその作家や画家と向き合ってきたわけだが、現実にその作家や画家が目の前に現れたときの喜びは、もう大人が想像する以上のものである。一冊の本の背後には、本を書いた人とイラストを描いた人が実際に存在するというメッセージを子どもたちに送ることがこのプログラムの目的であるが、この試みは常に大成功に終わっている。

フィンスカテバリのような小さな町に作家や画家がわざわざやって来るのは、図書館と作家の関係が密であり、図書館への作家訪問が制度として確立しているからであるが、それについては第6章で詳しく述べることにする。

一〇代の子どもを読書に引きつけるには？

あらゆる方法で図書館の魅力を子どもたちに示すことができるのは、小学校から中学校までの九年間にかぎられている。というのも、フィンスカテバリには高校がないため、高校に進学した子どもたちは別のコミューンまで通学するようになるからである。

九年間、一生懸命図書館利用教育に取り組んできた司書としては、子どもたちがそれぞれの高校にある学校図書館へ行くことを期待したいところであるが、高校生にとっては図書館以外にも面白いところがたくさんあるし、進学するとやらなくてはいけないこともぐっと増えてしまう。いつのまにか、公共図書館からも、読書からも離れていってしまう……。この傾向はフィンスカテバリにかぎったことではなく、高校生の図書館離れはスウェーデン全体を覆っている。

図書館離れと読書離れが一気に進む高校生に向けて、二〇一〇年に通学用バスを使ったユニークなサービスがはじまった。それが「ライン５００：通学路の本（Linje 500: Böcker på väg）である。「ライン５００」とは、ヴェストマンランド・レーンとダーラナ・レーンにある五つの町を通るバスルートのことで、毎日、多くの高校生を乗せて走る路線バスのルート名をそのままプロジェクトの名前にした。

若者の読書離れを食い止めるためには、高校生が気軽に本を手にとる状況をつくりだすのがよいのではないかという発想が、このプロジェクト誕生のきっかけとなった。バスの中に図書コーナーを設けて、「走る図書館」としたのである。図書館と違うのは、読んで気に入った本を自分のものにしてもよいことである。もちろん、読了後バスに返却してもよいし、友達に貸してもよいことになっている。バスが通る五つの町の図書館では、バスに置いてある本を推薦するためのブログを作成し、本を読んだ高校生の感想も掲載している。ちなみに、このプロジェクトには文化評議会が助成金を出しており、地域図書館とヴェストマンランド公共交通が連携してプロジェクトの実施にあたっている。

図書館は大人になって学びたい人の学習センター

今度は、成人向けのサービスに目を向けてみよう。すでに述べたように、スウェーデンは生涯学習が盛んな国である。学校を卒業したあとに何かを学びたいと考えた人びとが、すぐにその思いを実行に移せるためのさまざまな制度が整備されている。全国にネットワークをもつ学習協会が提供する講座もその一つだし、特定のテーマを学びたい仲間を募って自主的に学習サークルを立ち上げることも可能となっている。

小さな町で大人が学ぶ場合、その手段の一つがコミューンにある学習センター（Lärcenter）となる。学習センターは、図書館内に設置されている場合が多い。図書館は、

本を乗せて走るバス

バスの車内に置かれた図書

出典：ライン500プロジェクトのホームページ
http://linje500.blogspot.com/2010/10/nu-finns-det-bocker-pa-bussen.html

いまでこそ娯楽資料を取りそろえてコンピュータゲームまで備え付けるようになったが、その存在理由は、「人が学びたいと思ったときに、メディアと情報の提供を通じてその学習を支援する」という理念を実現することにあるため、生涯学習のもっとも重要な拠点となっている。

さて、学習センターでは、インターネット回線を通じて大学の講義や生涯学習のプラグラムに参加することができるようになっている。スウェーデンの大学のプログラムには、普段はインターネットで授業を受講して、キャンパスには月一、二回ほど通えばよいというものもある。そのようなプログラムの場合は、地元の学習センターに通って学習すれば単位が取得できる。

また、専門職に従事している人が、自らの知識を最新のものにするために教育を受け直すことがスウェーデンではごく普通に行われている。とくに、看護師のような医療関係に携わる専門職の場合は、一度子育てなどで離職して職場に復帰する前に、専門知識を最新のものにしておく必要がある。学習センターは、そういった職業人のリカレント教育の場としても機能している。もちろん、ここには、生涯学習を支援するために必要な知識をもつ専門スタッフが配置されている。

フィンスカテバリでも、一時は学習センターが図書館内に置かれていた。いまは少し離れた場所に移動してしまったが、学習センターと図書館は密に連絡を取りあっている。学習センターのスタッフは、学習相談に来た利用者に対して、図書館でデータベースの利用や学習資料についての相談ができることを積極的に伝えるようにしている。

4 小規模図書館がめざす場所

二〇〇五年の図書館法の改正によって、各図書館は将来計画を策定し、それを公開する義務が生じた。フィンスカテバリもウェブサイトに、「フィンスカテバリ・コミューンの図書館計画 二〇〇九～二〇一〇（Biblioteksplan för Skinnskattebergs Kommun 2009–2010）」を掲載している。この計画書を手掛かりに、この小さな図書館が、今後、自分たちの図書館をどのような場所にしようとしているのか見ていきたい。

図書館が果たす三つの役割

計画書の冒頭で、「図書館は文化的な出合いの場所であり、情報センターであり、文化的な媒介者となる」ことを宣言している。そして、単独でサービスを提供するだけでなく、図書館の存在意義は、ほかの機関と連携してコミューンの発展を支えることにある、と書かれている。続いて、フィンスカテバリ図書館が、文化センター、情報センター、社会センターの三つの役割を果たしていくことが述べられている。

まずは、文化センターとしての役割であるが、これは図書館が展覧会や文化プログラム、文化活動を組織化していくこと、そして作家を招聘《しょうへい》したり、ブックトークや読書会活動を通じて読書推進の中心になることを謳っている。

二番目の情報センターでは、住民にフォーマル・インフォーマル学習の機会を提供することを謳っている。図書館は住民に対して図書館の利用の仕方を教え、情報リテラシーを高めるように働きかけ、就学前教育から成人教育、そして大学レベルの遠隔教育にかかわるリソースセンターとしての役割を果たすということである。また、さまざまな情報へのアクセスを確保することで、コミュニティへの民主主義的な参加を高める支援機関としての役割も果たしている。

三番目の社会センターでは、フィンスカテバリ図書館が果たす社会的な役割が述べられている。住民の日常生活において、図書館はすべての人びとに開かれた場所となっている。図書館は、異なる世代、異なる社会的・文化的背景をもつ人びとが自由に集まれる場所であり、自発的な文化活動の場を提供し、かつ娯楽を楽しむ場としての役割を果たす、とされている。

本へのアクセスポイントをコミュニティの至る所につくる

今後、取り組むべき課題として挙げられたのは、子どもと若者へのサービス、図書館の文化プログラム、図書館の環境整備、情報アクセスの向上とアウトリーチサービス、連携活動、マーケティングの六項目であった。

子どもと若者へのサービスは、すでに実施してきた小児保健センターや妊婦保健センター、就学前学校との連携に力を入れることや、子どもや若い世代にとって最適なメディアやコンテンツの調査、そして読書振興などが課題となっている。文化プログラムでは広報誌〈0222:an〉の活用、新たな文化プログラムの開拓、図書館の活動をマスメディアにアピールすることが挙げられている。

図書館の環境整備の点では、照明や家具の見直しが懸案事項となっている。情報アクセスとアウトリーチサービスについては、図書館が多様なメディアを提供し、とくに幅広い分野にわたる質の高い資料をコミュニティの隅々にまで届けることを重視している。また、高齢者への積極的な情報サービスや事業者への資料提供サービス、そして図書館の本に触れられるアクセスポイントをコミューンのいろいろな場所に設置することが課題となっている。

連携という観点からは、図書館が他機関と幅広くコンタクトを取って、コミューンのよきイメージづくりに寄与することが目標として掲げられた。事業者に図書館の存在をアピールすることで、いままで図書館を使わなかった人が図書館の存在に気付いたりすることがあるかもしれないし、保護者が図書館利用者となることによって、子どもたちの読書量が増える可能性も高い。重要なのは、図書館の存在意義や役割などを積極的に示していくことである。

フィンスカテバリ図書館の場合、どうしても学校図書館のイメージが強く、住民のなかにはたとえ時間があっても図書館に来ないという人も多い。だからこそ図書館は、いま行っている住民向けの活動やサービスなどをどんどん積極的に宣伝していく必要があるし、居心地のよさや対応・サービスの向上を追求していくことが重要課題となっている。

このように見てくると、フィンスカテバリの図書館は、就学前学校から九年生までの間に、本の読み聞かせからはじまって図書館の使い方、情報の探し方などを一〇年間かけて段階的に教え、その後、一生涯にわたって続く図書館利用を身体に染み込ませることに力を注いでいるといえる。

そういう意味では、フィンスカテバリにかぎらずスウェーデンの学校図書館は、子どもたちがその後の人生において出合う各種の図書館への入り口となっている。そして、住民にとっては文化と接するための拠り所となっている。小さな町では、図書館が資料や情報への平等なアクセスだけでなく、文化への平等なアクセスを確保する役割も担っているのである。

第4章

スウェーデンの公共図書館における児童サービスと児童図書

旬の本がたくさん並ぶ新刊児童図書の展示会

ここまで読み進めていただいたみなさんには、スウェーデンの図書館が子どもたちへのサービスに熱心に取り組んでいることについて十分理解していただけたことと思う。本章では、図書館の児童サービスに焦点をあてて、その活動の最前線をさらに詳しく見ていくことにしたい。また、スウェーデンにおける児童図書の出版事情についても紹介していきたい。

1 図書館との出合い

スウェーデンの学校制度

図書館の児童サービスの話に入る前に、スウェーデンの教育制度についてごく簡単に触れておこう。すでに述べたこともあるので、部分的には繰り返しになることをお断りしておく。

スウェーデンでは、一八四二年に義務教育が制度化され、公教育の基礎が形成された。基礎教育にかかわる教育改革を経て、現在の九年制義務教育が確立したのは一九六二年のことだった。

乳幼児から小学校に入るまでの教育は、先にも述べたように「就学前教育」と呼ばれるが、一九九八年には六歳児のための特別のクラス（就学前クラス）が導入された。就学準備教育として位置づけられる就学前の一年間は、子どもたちがスムーズに学校生活に溶け込めるよう、さまざまな活動を通して入学の準備をする期間となっている。そして、七歳になると基礎学校に入学する。義務教育は低学年三年間、中学年三年間、高学年三年間の合計九年間で、小学校・中学校の一貫制となっている。

共働きが基本となっているスウェーデンでは、保護者の育児休暇が終わって保護者が職場に復帰するタイミングで子どもたちは就学前学校と呼ばれる保育施設に入り、一日の大半をそこで過ごすようになる。また、基礎学校に入学してから九歳までは、放課後に学童保育（fritidshem）に行く子どもたちも多い[(1)]。そして、九歳以上になると地元のクラブに加入して、サッカーやテニス、乗馬などのスポーツをする子どもが増えてくる。

基礎学校では、一学級の人数は三〇名程度と少なく、担任教員は一人ひとりの子どもに寄り添った指導を行うことが可能となっている。また、七年生までは成績表がなく、八年生、九年生の成績が高校進学のための評価となっている。

高校には、基本的に希望者全員が入学することができ、すべて公費でまかなわれているため学費は無料である。ちなみに高校は、自分の将来の進路に向けて準備をする期間として位置づけら

（1）　スウェーデンでは、すべてのコミューンは、一歳児から一二歳児対象の児童保育を、就学前保育活動と学童保育の形で保護者に提供しなければならないことが定められている。

れている。どのプログラムを選んでも大学進学のための基礎的な知識を学ぶことができるが、高校卒業後、自立して実社会に出ていくための職業訓練を目的としたプログラムも多数ある。ただし、システムエンジニア、医師、研究者などの専門職に就くには大学での教育が必要となるため、そうした進路をめざす場合には高校卒業後に大学に進学することになる。このような、将来の職業と密接に結び付いた形での高校教育のあり方は、北欧諸国共通のものとなっている。

スウェーデンでは、一九七〇年代から統合教育が進み、学習上において困難をもつ子どものために特別指導（samordnad specialundervisningen）が行われている。また、住民の五人に一人近くがスウェーデン以外の文化的オリジナリティをもつ国として、多文化共生モデルが教育上の重要な理念ともなっている。一人ひとりの学習速度や理解度に応じて教育が進められること、またさまざまな事情で学習に困難をもつ児童に対してなど、それぞれの事情にあわせて教育が行われていることがスウェーデンの教育の特徴といえるだろう。

ベビーカーで図書館デビュー

スウェーデン社会において、公共図書館の役割として児童へのサービスがとりわけ重視されていることにはわけがある。その理念を貫いているのは、家庭環境、保護者の学歴などにかかわらず、すべての子どもは等しく情報へアクセスする権利をもっており、それを保障する場所が図書館であるという考え方である。

文化評議会の二〇〇九年の報告によれば、全国の公共図書館の貸出数の半数が児童と若者によるものであった。また、図書館サービスの七二パーセントが児童と若者を対象としたものになっている。児童へのサービスは、スウェーデンの図書館の中心部分であるといっても決して大げさではない。

では、スウェーデンの子どもたちは、実際、図書館サービスにどのように接していくのだろうか。保護者が図書館をよく利用していれば、子どもと図書館の関係は乳幼児のときからごく自然にはじまる。ベビーカーに乳幼児を乗せて来館する利用者の姿は、スウェーデンの図書館でよく見かけられる光景である。

たとえベビーカーで図書館デビューができなくても心配はいらない。というのも、保護者が図書館を利用していない場合でも、子どもが集団生活に入れば必ず図書館とのかかわりができるからである。前章でも述べたように、男女ともに職をもっているスウェーデンでは、保護者が育児休暇を終えて職場に復帰するタイミングでほとんどの子どもが就学前学校に預けられることになる。そして、就学前学校にはたいていの場合、地域の図書館との連携プログラムがあるため、それまで図書館に行ったことのない子どもも、就学前学校を通じて図書館サービスが受けられるようになっている。

就学前学校での図書館サービスは地域によって異なるが、職員が子どもたちを公共図書館に連れていったり、また公共図書館から司書がやって来て図書館サービスを行ったりと、相互訪問が基本となっている。午前中に公共図書館の児童室がにぎやかなのは、たいていどこかの就学前学校から集団で訪れた子どもたちがいるからであり、そのあり余るエネルギーを炸裂させている。もちろん、小学校に入ってからも集団での図書館訪問は続き、クラス全員が授業時間内に公共図書館を訪れるというのはスウェーデンではごく当たり前の光景となっている。

公共図書館には「児童司書」と呼ばれる、児童図書サービスに関する知識をもった専門職員が必ずいる。児童司書の仕事は、幼児や子どもたちに読み聞かせを行ったり、学齢期の子どもたちに、特定のテーマについて複数の本を紹介するブックトークや図書館利用教育を行ったりすることである。子どもたちは、児童司書によって本の世界に誘い込まれて図書館に親しむようになり、生涯にわたっての利用者となる。

就学前学校の壁にかかっている大袋の正体

ここからは、子どもたちと本との出合いをつくりだすために図書館がどんな工夫をしているのかについて、具体的に見ていくことにする。

就学前学校と図書館のユニークな連携プログラムの一つに「本の袋（Bokpåse）」と呼ばれて

いるものがある。これは、就学前学校に図書館の本を置いて、それを子どもの自宅に貸し出すというシステムである。司書が図書館から車で運び入れた本は丈夫な布袋に入れられ、壁にかけられる。本はテーマごとに分かれていて、園児や保護者は、そのなかから好きな本を取って自宅に持って帰ることができるようになっている。

子どもに本を読んであげたくても忙しくて図書館で本を選ぶ時間のない保護者にとっては、「本の袋」の存在は大変ありがたい。また、図書館に普段行かない家庭でも就学前学校を通して本にアクセスする仕組みとなっているので、子どもにとって図書館はごく身近な存在となっている。

移民児童が母語に親しむために

最近、「本の袋」に新たな「袋」が加わった。それは、移民児童を対象とした「本の袋」である。移民児童が多いスウェーデン西部のコミューン・ヴェンネシュボリ

壁に掛かった本の袋

出典：ユースダール図書館のホームページ
http://www.ljusdal.se/invanare/kultur/bibliotek/projektbokpasar.4.1afc1cc311a6410cb628000281.html

（Vänersborg）の就学前学校では、テーマごとに分かれている本の袋が言語ごとに分けられている。それぞれの袋には、「ボスニア語」、「アラビア語」、「ソマリ語」などと言語名を記したマークが縫いつけられている。移民児童と保護者は、専用のノートに記入したうえで、一週間の期限で本を借りて自宅に持ち帰れるようになっている。

図書館の司書は、定期的に就学前学校を訪れては本の交換を行っている。持ってくる本は、自館のものもあれば、多言語資料を専門に収集しているストックホルムの国際図書館から取り寄せることもある。

保護者による手づくりの資料を通して母語に触れる

この就学前学校において、もっとも大きな移民グループはロマ（Roma）(2)である。だが、入手できるロマ語の児童文学は皆無であったため、就学前学校ではいくつかのスウェーデン語の絵本をロマ語に翻訳して、子どもたちに読み聞かせをするようになった。

さらに、より多くの多言語資料を用意するために、移民の子どもたちの母親にそれぞれの出身国の言葉で話を吹き込んでもらうというプロジェクトもはじめた。最初は恥ずかしがっていた母親たちも、いったん録音がはじまると堂々と話を披露し、話し終わったあとは、みんなが充実感を口にしたそうだ。これによって、保護者を巻き込んだ多言語版の図書館サービスが実現したのである。

録音された音源は、コピーをつくって就学前学校だけでなく図書館の児童室にも置かれるようになった。録音を担当したある母親の子どもは、図書館に行くと「これって、僕のお母さんのお話なんだ！」と友達に言って必ず自慢しているらしい。自分の母親がかかわった資料が地域の図書館に置かれているということは、子どもにとってはかなり誇らしいことなのだ。

図書館はどこにでも出張する

司書が就学前学校などに出掛けていってサービスを行うことを、図書館界では利用者に「手を差し伸べる」という意味を込めて「アウトリーチサービス」と呼んでいる。日本でもよく知られているバスを利用した図書館サービス、これもアウトリーチサービスの一種である。

ストックホルムでは、地域を巡回する通常のブックバスに加え、二〇〇〇冊の図書をバスに積載しての「子ども移動図書館（Barnens Bokbuss）」が、一四〇の就学前学校を八週間ごとに訪問している。もちろん、司書も同乗しており、本を貸し出すだけでなくお話し会を開催したり、就学前学校で働く職員に対して子ども向けの本についての紹介をしたりもしている。

（２）インド北西部に起源をもち、ヨーロッパで移動生活を送ってきた民族。

2 子どもと若者向けの図書館サービス

就学前学校時代から積極的に図書館の利用をPRしているにもかかわらず、〇歳児から一四歳までの子どもが一年間に図書館から本を借りる数は年々減ってきている。とくに、男子の読書離れが深刻さを増しているようだ。

スウェーデンの図書館界は、子どもたちの読書離れを少しでも食い止めようと、全国レベルで読書推進運動を展開している。ここでは、首都ストックホルムで試みられている、子ども向けの図書館サービスの最前線を報告することにする。

図書館でかくれんぼ？

ストックホルムでは、ここ五年ほどの間に子ども向けの、それもある特定の年齢を対象とした図書館が次々とオープンして話題を呼んでいる。

「子どもの部屋（Rum för Barn）」は、〇歳児から一一歳児を対象とした図書館である。ストックホルム繁華街のひときわにぎやかな一角、セルゲイ広場（Sergels Torg）に面した文化センター（Kulturhuset）の四階に入っている。入り口の前に確保されたスペースは、車ならぬ「ベビーカー用の駐輪場」で、ずらりとベビーカーが並ぶ光景はなかなか見応えがある。

　ここの図書館は、子どもの年代別の運動能力に応じてデザインされた三つのスペースで構成されている。中央部には、かくれんぼができそうな大きな木がどんと置かれていて、子どもが自由に入って遊ぶことができるように内側が空洞になっている。狭い所が大好きな子どもは、木の中に入って読書にふけることも多い。床は、乳幼児が転んでもケガをしないように柔らかい材質が使われているので、保護者は安心して子どもを遊ばせることができる。

　整然と本が並ぶ普通の図書館とはまったく異なり、ここでは館内のいろいろな場所に図書が置かれている。子どもたちは遊具のてっぺんまで上っていって本を探したり、大きな木の陰に置かれた本を発見したりと、本にアクセスすること自体が遊びの一部になっている。また、部屋のあちらこちらには子どもの発達段階に応じたおもちゃが置かれ

「子どもの部屋」イラストマップ

ているし、読み聞かせ、本の紹介、歌、ゲーム、詩のワークショップ、ダンスなどのプログラムに親子で気軽に参加できるようになっている。

図書コーナーの隣には、絵を描くためのミニ工房がある。ここは、本を読んで想像をかきたてられた子どもたちが、すぐにそのイメージを絵に描くことができるようにという考えから設置された。絵を描くために必要な道具はすべて用意されていて、画用紙代のみ実費となっている。この工房、食育プログラムなどが開催されるときの会場にもなっている。

「子どもの部屋」は、ストックホルム市が最初につくった子ども専門の図書館で、実験的な要素が強く、いろいろな面で伝統的な児童図書室とは異なっていた。スウェーデンでは、児童図書館におもちゃが置いてあるのはごく自然なことで、子どもたちがそこでおもちゃ遊びに興じている姿をよく目にするわけだが、図書館の児童室のメインは何といっても本である。しかし、「子どもの部屋」は違っていた。「本が主」、「おもちゃは従」といった考え方ではなく、おもちゃを含めて子どもが興味をもつメディアを総動員し、遊びを通じて創造力を伸ばしていくことが「子どもの部屋」という図書館のメインのテーマになっているのである。

図書館でつくろうコスプレ衣装

次は、ティーンエイジャーをメインターゲットにした図書館を紹介しよう。

「一〇歳から一三歳（TioTretton）」は、二〇一〇年に開館した一〇歳から一三歳までを対象とした図書館である。この年代の子どもたちは、かつて司書の間で「本を丸呑みする年代」と呼ばれ、もっとも貪欲に本を読む世代と考えられていた。それだけに、この年ごろの子どもたちの活字離れには司書は本当に頭を悩ませている。

そこで、一番本を読んでいた年代の子どもたちのために、「本嫌いのための図書館」というキャッチコピーのもとに新構想の図書館として「一〇歳から一三歳」が造られたのである。普段図書館になじみのない子どもたちに来館してほしいという思いから、いわゆる「図書館らしくない」スペースをつくりだすことを意識して設計された。

館内の四つのスペースは、「デジタル・メディア」、「身体と成長」、「学校と文学」、「映画と音楽」に分かれていて、どのコーナーも子どもたちがリラックスできるように工夫されている。カティ・ホフリン（Katti Hoflin）館長は〈図書館雑誌〉のインタビューにこたえて、「子どもの部屋」の館長を務めていたときに今回の図書館のアイデアが浮かんだ、と話している。

ホフリンさんは、子どもたちにとって、自分たちの話に耳を傾けてくれる大人の存在が重要だと考え、図書館には六名もの専属スタッフを常駐させることにした。このうち司書は一名だが、残りの職員もみな文学と図書館に関しては深い知識をもっている。また、図書館の運営には、ストックホルム大学児童文化研究センター（Centrum för Barnkulturforskning, Stockholms Universitet)[3]の研究員もアドバイザーとしてかかわっている。

一〇歳から一三歳の子どもたちといえば、コンピュータ、映像、音楽への関心がとりわけ高い年代であるため、図書館ではコンピュータや音楽スタジオ、撮影スタジオなどの設備まで備えた。音楽・映像を楽しむための楽器や機器の提供は、最近の北欧の図書館からすればそれほど珍しいことではない。ここの図書館の目玉は、料理・手芸プログラムなど、これまでの児童図書館がまったく手掛けてこなかった活動を取り入れたことにある。

子どもたちは館内でお菓子を焼いたり、自分の好きなアニメの主人公のコスプレ衣装を縫ったりしている。もちろん、図書館側では、本嫌いの子どもが洋服に関連する資料を調べたり、図書館でのお菓子づくりを通じてレシピに興味をもつようになって関連書を読むようになるといったように、館内での活動がごく自然に読書へとつ

館内の様子

出典：「10歳から13歳」のホームページ
http://tiotretton.wordpress.com/tiotretton-bilder/

ながっていくことを期待している。「一〇歳から一三歳」という図書館は、子どもたちが興味をもちそうなテーマを通して、言葉や文化への接近を促すフリースペースなのである。

マンガのことなら図書館におまかせ

「メディアの拠点（PunktMedis）」は、ショッピングセンターの一角にあるストックホルム市立図書館の地区館であるメドボリアルプラッツェン図書館（Medborgarplatsens Bibliotek）の若者向けのコーナーの名称で、年齢としては一三歳から一九歳、自立心が旺盛になる時期のティーンエイジャーを対象としている。スウェーデンの平均的な図書館の閉館時間は午後七時なのだが、ここ

（3）　児童文化の研究振興のため、一九八〇年に設立されたストックホルム大学の附属研究機関。教育者、研究者、学生を対象に児童文化にかかわる講座、シンポジウム、出版などを手掛ける。

図書館に集まるティーンエイジャー
出典：「メディアの拠点」のホームページ
http://punktmedis.blogspot.com/

の図書館は、若者の行動時間にあわせて平日は午後九時まで開館している。

書架にはマンガがぎっしり詰まっていて、雑誌架にも音楽やファッション、コンピュータ、ゲーム、デザインなど、この年代の若者が興味をもちそうな分野の雑誌が並んでいる。コンピュータゲームを楽しむプログラムがあると思えば、教員を引退した人に宿題について相談できるプログラムなどもあって、遊びも勉強もこのコーナーでできるようになっている。また、読書サークル、エッセイサークル、編み物クラブなどもあり、まるで日本の学校のクラブのようでもある。それらのプログラムのなかで、やはり一番の人気となっているのはマンガのワークショップで、プロの漫画家から描き方が習えるということが人気の秘密らしい。

図書館離れが進む子どもたちに対して、年齢別の図書館を造って何とか図書館に引き寄せようと工夫をする。このことは、スウェーデンの図書館が単に利用者を待っているだけでなく、図書館から手を差し伸べて利用者を招き入れようとする積極的な姿勢を示すものであるといえる。しかし一方で、図書館が「何でも屋」になってしまい、資料や情報を提供するという本来の役割が薄れつつあることも事実として認めざるをえないだろう。若者に対するアプローチを見るかぎり、スウェーデンの図書館界は、伝統的な役割をある程度捨ててでも、新しい社会を生きる若い世代にあわせて図書館のほうが変わっていくべきだ、と考えているように思える。

男子の読書離れは深刻

　読書離れは、性別でいえば男子のほうが女子よりも深刻なので、図書館の関係者は男子に向けたプロジェクトをいろいろと試みている。そのなかでも、男子を対象としたユニークな活動として、ストックホルム市立図書館の地区館テンスタ図書館（Tensta Bibliotek）が開催している「図書館クラブ（Biblioteksklubb）」が図書館界では注目されている。

　テンスタは移民・難民の多い地区で、放課後、行き場を求めて目的もなく図書館にたむろする男子が多く見られていた。スウェーデンでは、子どもたちが学童保育や地元のクラブで放課後を過ごすというのが一般的なのだが、移民・難民の子どもたちの場合は、保護者の経済的な理由から学童保育やクラブに入っていない場合が多い。そこで司書は、一〇歳から一二歳の男子からなる「図書館クラブ」を結成することを思いついた。

　クラブの発足について、テンスタ図書館の司書エミー・アンダーソン（Emy Andersson）さんは、図書館関係の雑誌〈レーンニュース――ストックホルム・レーンの図書館出合いの場（*Länsnytt: Mötesplats för Biblioteken in Stockholms Län*）〉からの取材に次のように答えている。

「テンスタで働きはじめたころ、ブラブラしている子どもたちを見ていて『何かをしなければ』と思っていました。そこで、彼らに図書館クラブのことを話してみました。でも、何の反応もありませんでした。少し経って二人の男子が私のところにやって来て、『クラブに加われないかなあ？』と聞いたんです。それから彼らは、自分たちでやることを考え、次々と実施していきました。実際、彼らの図書館やクラブに関する捉え方や考え方は、司書仲間やほかの利用者を魅了するようなオリジナリティあふれるものでした。クラブの名前は、テンスタ図書館クラブの頭文字を取って『ＴＢＫ』。メンバーの一人アマンダ・ビグレル（Amanda Bigrell）は、火山から炎とともにＴＢＫという文字が出ているクラブのロゴマークを考案しました。私は、これからも、メンバーたちがこの勇ましいロゴマークとともにいろいろな企画を考え、ほかの子どもたちにも読書意欲が高まっていくことを期待しています。とにかく、楽しいクラブなんです」

ＴＢＫの活動は、読書会、ゲーム大会、図書館のプログラムの準備の手伝いなど多方面に及んでいる。注目すべき

児童図書室のカウンター（テンスタ図書館）
出典：テンスタ・ミーティング
http://tenstatraff.se/?page_id=3

は、読書離れが指摘される一〇代初めの男子たちが、自ら読んだ本を推薦する文章を書いていることである。そして、活動は毎週火曜日の放課後で、一時間程度となっている。

この図書館クラブは大変な人気で、現在のところ会員になるためには順番待ちという状態らしい。その活況ぶりを聞くにつけ、「男の子は本に関心がない」というのは、案外、大人が勝手につくりあげた妄想なのかもしれないという思いを強くする。

クラブの子どもたちは、司書が用意するプログラムにあきたらず、なんと司書を町に連れだして、地元の案内役までかって出ているということである。司書は地元っ子のガイドで知らなかったテンスタを再発見し、地域に密着した図書館サービスに直接役立てている。このクラブは、優れた図書館プログラムが司書と利用者の双方にとって有益であることを示す好例といえる。

インターネット「子ども図書館」

本はあまり読まないけれども、コンピュータへの接続にはとても熱心という現代の子どもたちに向けて、文化評議会と「スウェーデン西部文化（Kultur i Väst）」によって一九九六年に開始されたのが、インターネット上の「子ども図書館（www.barnensbibliotek.se）」である。一九九六年といえば、インターネットのサービスがやっと一般に普及したころなので、「子ども図書館」はすでに一五年以上の歴史をもつ老舗サイトといえる。

スウェーデンの児童図書室と学校図書館では、コンピュータを立ち上げたときにこの「子ども図書館」のトップページが表示されるようにしているところも多い。「子ども図書館」は、簡単にいってしまえば一四歳児までを対象にした読書推進のための総合情報サイトで、言うまでもなく、そこには膨大な書籍情報が含まれている。児童図書の専門家による本の推薦コーナー、スウェーデンの作家とイラストレーターの紹介ページ、インタビューページ、自分で書いた物語や詩を発表するコーナー、気に入った本の表紙を投票したり読んだ本に点数を付けるページなどがある。

「児童書目録」のページに掲載されている児童図書についての情報は、耳で聞いたり手話で見たりすることもできる。ウェブサイト上においても、情報アクセスの平等を重視するスウェーデンならでは、である。

このサイトのなかに、「本の審査員（Bokjuryn）」と

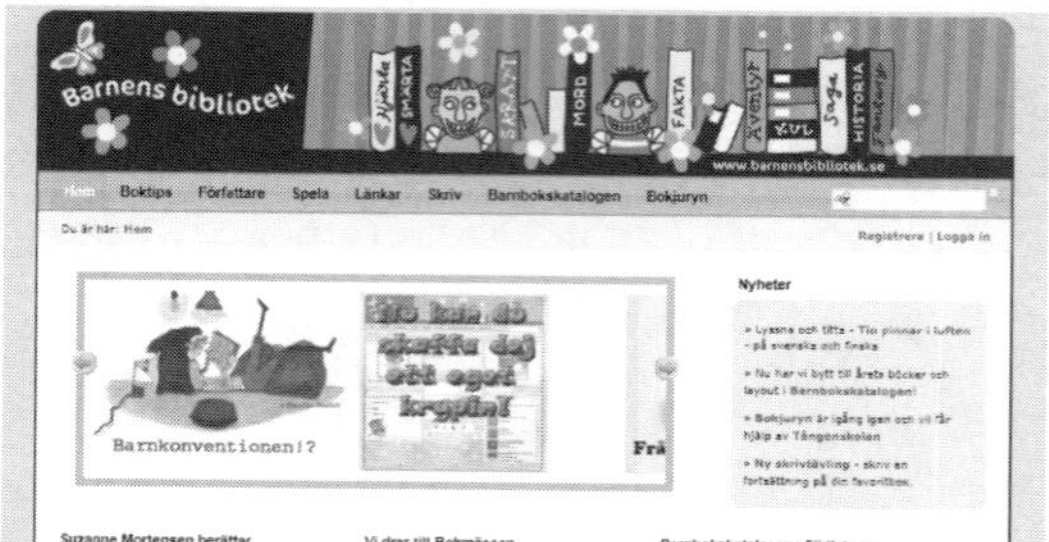

「子ども図書館」のトップページ
出典：「子ども図書館」のホームページ　www.barnens-bibliotek.se

いうコンテンツがある。サイト上で毎年行われているユニークな試みで、オランダの図書館がはじめたプログラムを一九九七年に取り入れた。現在は、「スウェーデン児童図書学会（Svenska Barnboksinstitutet 一五三ページ参照）」が運営しているが、ひと言でいってしまえば子どもによる児童図書の推薦制度である。

○歳児から一九歳までの子どもと若者が、前年に出版された本のなかから五冊を選んで投票し、毎年五月に、上位一〇位までに入った作品を書いた作家が表彰されることになっている。

「○歳児から」とあるが、乳幼児に関しては、保護者や就学前学校の職員が本に対する子どもの反応を見て投票しているという。自分の意見が言えるようになった子どもたちからは、大人が意見を聞いて投票を行っている。

投票には、個人でももちろん参加できるが、学級単

「本の審査員」のページ
出典：「子ども図書館」のホームページ
http://www.barnensbibliotek.se/Bokjuryn/tabid/783/Default.aspx

位でこの催しに参加することもよくある。図書館に投票用紙を置いて積極的に投票してもらったり、クラスに投票対象となる本のリストを配ってみんなで読書に励んだり、学校の行事に「本の審査員」に関する活動を盛り込んでいる図書館もある。

プロジェクトの目的は、何といっても子どもたちの読書意欲をかきたてることだ。また、子どもたち自身の意見を尊重し、それを児童出版文化の向上に役立てていくことも重要な役割となっている。児童図書に関して気を付けるべきことは、大人がよいと思った本が必ずしも子どもに受け入れられるわけではないということである。大人が積極的には読ませたくないと思う本が子どもから絶大な支持を得ることもよくあるし、逆に、大人が子どもには難しすぎて無理だろうと思う本を、子どもが驚くほどあっさりと受け入れたりすることもある。

そう考えると、「本の審査員」は、子ども自身が読んで面白いと思う本が明らかになることによって、出版社や図書館で働く大人たちに新たな気付きをもたらす試みであるといえる。

3 児童図書の出版状況

ここからは、図書館での児童サービスのまさに基盤となる、スウェーデンの児童図書の出版状況について見ていくことにする。

児童図書が一堂に会す展示会

スウェーデンでは、一九六五年に児童図書の普及と読書の推進および研究を進めるために、スウェーデン児童図書学会が設立された。この学会の重要な活動の一つに、一九九三年からはじまった「新刊児童書展示会（Bokprovning）」がある。これは、前年に出版されたすべての児童書を一か所に集めて関係者が観覧する展示会である。毎年、三月中旬から四月の中旬まで児童図書学会の図書館で展示されたあと、全国の主な図書館を巡回している。

二〇一一年三月に行われた展示会の様子をお伝えしよう。

二〇一〇年の児童と若者向けの図書の発行数は一六六三点で、初版が八三パーセント、再版・重版が一七パーセントとなっている。このうち、八三七点がスウェーデン語の作品で、八二六点が翻訳図書である。目立った傾向としては、二〇〇九年には六八作品もあった日本語のマンガの数が一七作品と激減したことである。これは、「空前のブーム」ともいわれた日本のアニメ・マンガブームがいったん落ち着いたということを示している。

二〇一〇年の本の特徴を簡単に説明しながら、スウェーデンの児童書の動向を見ていこう。

絵本については、今から六〇年も前に刊行された本と雰囲気や色遣いがよく似たものが現れた。

ムーミンなどスウェーデンではよく知られた絵本の主人公が再登場したり、伝統的な作品の影響を受けた絵本が刊行されている。

そして、スウェーデンで大人気の作家エヴァ・スッソさん[4]の『バーボが指さす（Babo Pekar）』は、マイノリティの子どもを主人公（バーボ）にしたシリーズの新作で、ベビーカーに乗せられたバーボが、姉のアイーシャと冒険に出掛ける物語である。

スッソさんの作品は、民族の多様性を生き生きと力強いリズムで表現している点に特徴があり、音楽のような文章の響きが子どもを魅了してやまない。スッソさんの描く絵本のなかの家族は、五人に一人近くがスウェーデン以外の民族的背景をもつ現在のスウェーデン社会をそのまま映し出しているようでもある。

低学年・中学年向けの図書の特徴といえば、長編や大作が少なくなって短い作品が増えたことだろうか。これは、

上：昔からの主人公もいまだ人気が衰えない

左：新刊が並べられた展示会場

子どもに読み聞かせをする側の保護者に時間的な余裕がなくなった影響だといわれている。家庭での読み聞かせが子どもの読書スキルを伸ばすことは児童文学関係者においてはよく知られている事実なのだが、スウェーデンでは、家庭で本に接する機会がどんどん減っているという現状がある。以前に比べて、子どもたちが長い話を読みこなすだけの力がなくなっていることを危惧する司書も多い。

　内容面に焦点を当ててみると、以前はハイティーン向けの図書に取り上げられていた社会問題が、低学年向け

（4）（Eva Susso）一九五六年、ヨーテボリ生まれの児童文学者。父親はフィンランド人で、詩作をする父方の祖母から大きな影響を受けた。出版社で編集者として働いたこともある彼女だが、小さいころから自己表現に関心が高く、一〇代から詩作をはじめていた。ガンビア共和国出身の男性との結婚の経験から、絵本の主人公にはマイノリティが登場することも多く、多文化社会における自己形成が作品のテーマとなっている。

上：『バーボが指さす』の表紙

左：スウェーデンの人気児童作家エヴァ・スッソさん

出典：エヴァ・スッソ氏オフィシャルサイト（撮影：ウルリカ・ツウィンガー）

の図書に現れるようになっている。依存症の親、崩壊した夫婦関係、親の死など、シリアスな話題がテーマになっている低学年向けの本が見かけられるようになった。ただし、親の問題が子どもの世界を暗闇で埋め尽くしてしまわないような配慮はされている。

たとえば、アルコール中毒になっている母親の人間的な優しさが描かれることによって、読者にとっては一筋の希望が見いだせるような作風に仕上がっていたり、ユーモアを込めた語り口が特徴だったりしている。

スウェーデンらしいのは、馬や乗馬をテーマとする図書が女の子たちから支持されていることだ。スウェーデンでは都会を少し離れると馬がたくさん放牧されている光景をよく目にするし、とても身近な動物である。基礎学校の中学年になると、放課後、スポーツクラブに参加して運動する子どもが増えるのだが、いろいろな種目のなかから乗馬を選ぶこともできる。乗馬は、スウェーデンではとてもポピュラーなスポーツといえるだろう。とくに、一〇代の女の子たちには絶大な人気を誇っている。

また、お化けや魔法使いが出てくる作品は、スウェーデンを問わず、世界のどこに行っても子どもたちの間で常に人気が高い。日常から離れ、ひとときまったく別の世界に没頭するには、こうしたジャンルの物語が最適である。

一方、ハイティーン向けの図書では、自然災害や環境災害、パンデミック（感染症の世界的流行）が起こったあとの世界を、生存力や希望などをテーマにして描きだす作品が増加していた。また、翻訳図書では推理小説やスリラー小説が中心であるのに対して、スウェーデン語の図書では若者の日常を描いた作品が圧倒的多数を占めている。仲間同士の付き合いをテーマとする作品が多いのだが、なかには、グループから孤立し、繊細な感覚を秘めた一〇代の男の子を主人公にして描かれた作品もある。

フィクションで新しく登場したのが、いわゆる「生き方指南」の本である。どのようにしたら幸せになれるのか、感情のコントロールや人間関係のつくり方をテーマにした作品が刊行されるようになった。なかには、幼児向けのハウツー書まであった。成人向けであった現実的なテーマが子どもの分野を少しずつ侵食するようになってきている現実を見ると、少し寂しい感じがしてしまう。

ディストピア（反ユートピア）を扱った本

電子書籍は今後の児童図書の主流となるのか

スウェーデンにおける電子書籍の刊行は二〇〇〇年ごろからはじまったが、年々、出版数は増加の一途をたどっている。図書の電子化は主に学術出版を中心に進んでいて、いまや大学の教科書などは電子書籍となっていることが多い。現代の大学生は、コンピュータ上に映し出されたテキストを用いて勉強することに慣れはじめた最初の世代となる。

一方、趣味のための本はまだまだ印刷されたものが圧倒的に多いのだが、そのなかで二〇一〇年の展示会で出展されたデイビッド・サラリヤ(5)の絵本『トゥーレ：掃除怪獣（*Ture: En Städ-o-Saurus*）』は、本のなかにURLが書かれていて、そのURLにアクセスすると、主人公の3Dアニメーションが閲覧できるという仕組みになっているハイブリッドな絵本であった。ちなみに、iPhoneとiPad用の児童書は二〇一〇年から刊行されている。

電子書籍も含めて、毎年一五〇〇点を超える新刊書がスウェーデンでは刊行されているわけだが、図書館での貸出数を見ると、一番多いのは半世紀以上も前に出版されたリンドグレーンの作品となっている。一〇〇か国を超える国で刊行されたという事実が、国境だけでなく、時間も容易に飛び越えてしまう力強さを物語っている。

リンドグレーン作品は、スウェーデンだけでなく北欧中の子どもたちから愛されている。デンマークの図書館でもノルウェーの図書館でも、児童室に行くと必ずといっていいほど作品のキャラクターに出合う。日本で『長くつ下のピッピ』（大塚勇三訳、岩波書店）が初めて刊行されたのは一九六四年である。それから約半世紀が経つというのに、いまだにその人気が衰えることはない。親子二代、三代で読み継いでいる家庭も多いことだろう。この本を置いていない公共図書館を探すのは、おそらくとても難しいだろう。

ちなみに第二位は、「ラッセとマヤシリーズ」で子どもに絶大な人気を誇るマッティン・ビードマルク氏で[6]、第三位は、スウェーデンでは知らない人はいないキャラクター「アルフォンス」で知られるグニッラ・ベリィストロム氏であった[7]。

（5）（David Salariya）一九五四年、スコットランド・ダンディー（Dundee）生まれ。ブックデザインの勉強を経て児童書のイラストレーターになる。一九八九年にイギリスのブライトン（Brighton）でサラリヤ出版を設立し、乳幼児、就学前の子どもたちを対象とした本を刊行している。二〇〇〇年から出版がはじまった、世界各国での歴史的な体験を描く「なりたくないよね」シリーズ（You Wouldn't Want To Be Series）が大ヒットした。

電子書籍が出現

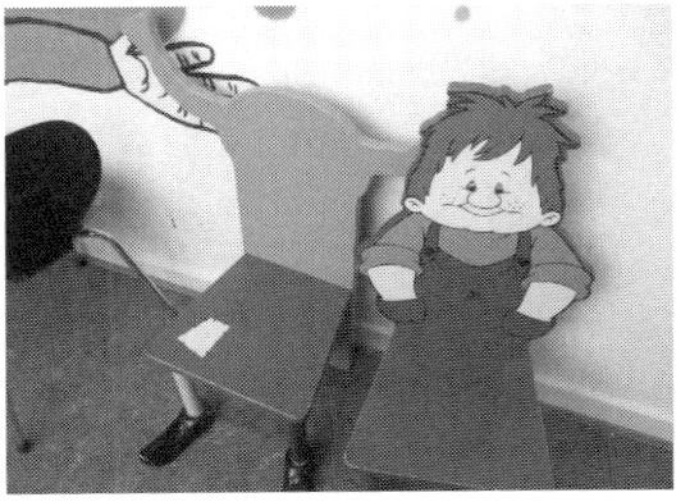

ピッピとカールソンの椅子
（デンマーク・ヴィビュー図書館）

「児童図書が必要な一七の理由」

いま手元に、スウェーデン児童図書学会がつくったパンフレットがある。パンフレットのタイトルは「児童図書が必要な一七の理由」となっている。このパンフレットには、スウェーデンでなぜ児童文学と図書館が大切にされているのかについて、その理由が平易に説明されている。その内容を簡単に説明しておこう。

児童書の基本的な役割として、言語能力と語彙の発達を促すこと、知識を深めてくれること、想像力を刺激してくれること、倫理感を学ぶことができることなどが挙げられている。さらに、自尊心を高め、自分自身を肯定するために役立つだけでなく、他者との関係を構築していくために重要な役割を果たすことが指摘されている。つまり、読書を通じて他人に対する感情移入の能力を磨くことによって、他者の立場に立って考えることができるようになるというのである。

とりわけ、さまざまな文化的背景をもつ作家の作品を読むことは、多様な文化への寛容の精神を高め、偏見と闘うために役立つとしている。

スウェーデン児童図書学会のパンフレット

問題に対する答えが常に複数あること、暴力という手段を用いずに問題解決する方法があることなど、本が教えてくれることはとてもたくさんある。それだけに、多様な文化が混在する社会に生きているスウェーデンの子どもたちに接する司書の責任は重大となっている。

パンフレットに書かれている一節を紹介しておこう。

「児童図書は、子どもたちにとって最初の文学との接触です。その思い出は、生涯にわたって続きます。だからこそ、児童文学との出合いは、子どもたちがそれを心の中にしまっておけるようなよい思い出となるべきなのです……」

児童司書の仕事がいかに大切なものであるかを語るには十分すぎるだろう。子どもにとっても、

(6)（Martin Widmark）一九六一年生まれ。リンショーピン（Linköping）で育ち、現在はストックホルム在住の児童文学作家。その作品は「本の審査員」（一五〇ページ参照）の七歳から九歳部門で七年連続、第一位を獲得するなど、子どもたちから絶大な支持を得ている。スウェーデンの小さな港町を舞台に小学生の探偵ラッセとマヤが活躍する「ラッセとマヤのたんていじむしょ」シリーズ（主婦の友社、二〇〇八年〜二〇〇九年）は、日本でも翻訳されている。

(7)（Gunilla Bergström）一九四二年、ヨーテボリ生まれの作家・イラストレーター。四〇冊以上に上る作品は、スウェーデンではリンドグレーンの次にもっともよく読まれている。なかでも、父親と暮らす男の子アルフォンス・オーバリ（Alfons Åberg）の日常生活を描く物語はスウェーデンのみならず世界中で人気を集めている。

大人にとっても、本は「楽しみを与え、感動の世界へと誘い、笑わせ、泣かせ、安らぎを与えてくれる」かけがいのないものなのである。

（小林ソーデルマン淳子）

私がスウェーデンの児童司書になったわけ

児童司書の勉強をしていた大学生のときから、何度も周りの人から「なぜ、スウェーデンで司書になることにしたのか」と私は尋ねられた。おそらくその理由は、子ども時代から読書が大好きで、両親がたくさんの本を買ってくれたことと関連していると思う。

事実、幼いころの多くの思い出には本が常に関係している。牛乳嫌いだった私が牛乳を飲めるようになったのは、『アルプスの少女ハイジ』（ヨハンナ・スピリ／酒井朝彦訳、評論社、一九六九年）に出てきた山羊のミルクがとてもおいしそうに見えたからだったし、いつかは健康そうな真っ赤な頬をもつハイジのように、アルプスの草原で寝転び、青空を流れる雲を眺めたいという思いを募らせた。

また、『長くつ下のピッピ』のなかで、勇敢な女の子ピッピが自宅に忍び込んできた二人の泥棒と明け方近くまで踊ったあと、ご褒美にと金貨をわたしたとき、ピッピが彼らに向かって言った台詞、「チックと言えなくても、タックぐらい言えば！」によって、スウェーデン語では「ありがとう」のことを「タック」というのだと知り、それが初めてのスウェーデン語との出合いとなった。

『子どもだけの町』（ヘンリー・ウィンターフェルト作・ロバート・ケネディ画／大塚勇三訳、学習研究社、一九六九年）というドイツのお話が大好きで、何度も読み返したことがある。そのなかで、ルールに違反した子どもが罰としてジャガイモの皮をむかせられるエピソードがある。その当時の私は、なぜジャガイモの皮むきが罰則になるのかよく分からなかったが、「どんなにむいてもむいても足りないほど」ジャガイモを食べる国スウェーデンに来て、やっとその理由が分かった。

小学校では、かなり充実した学校図書館に恵まれ、民俗学の棚の本を片っ端から読んでいった。首が長ければ長いほど美しいとされるため、金輪を次々に首につけて伸ばしていく民族、同じ理由から、下唇を伸ばすために口輪をはめている民族など、世界にはいろいろな慣習があるものだと驚嘆したものだった。その口輪をはめる人びとは、私がのちに短期間、司書として働いた国エチオピアの一民族であった。

また、身内の人が亡くなるたびに指を切り落とす慣習をもつアフリカのある地域に関する本のなかで、老婆が斧を振り上げ、残り少ない指の一本をまた切ろうとしている写真を見たときには、さすがに恐ろしくなって、それ以来、民俗学の棚には戻らなかったことも記憶している。

今から考えると、幼いころからの読書を通してほかの文化への興味が募り、結局はスウェーデンに住むようになってしまったのだと思う。多文化社会となったスウェーデンは、現在、人種差別という深刻な問題を抱えている。私は、ほかの文化への理解を深めることが差別をなくすための第一歩であり、そのためには読書がもっとも適切な方法だと確信している。

読書は文化的な差別意識に対する予防注射であり、幼いころから読書という予防注射を受けて育った人間は、大人になってからもほかの文化に対する偏見がないはずである。私は、スウェーデンの作家ラーシュ・ヘスリンド(8)の「言葉を習得している人は、民主主義社会でより多くの力を発揮することができる」という意見に心から賛同するし、これからも司書として、より多くの言葉を習得する人を育てていきたいと思っている。

(8) (Lars Hesslind・一九三五〜二〇一〇) ヨーテボリ生まれの作家、教育家。夜学に通いながら創作を続ける。一九八三年からヨーテボリ郊外で創作コースのクラスを主宰する。一九九六年に教育用ソフトウェア制作プロダクション「スキルロード・アーベー (Skillroad AB)」を立ち上げ、そこを拠点に読書や文学にかかわる講座を立ち上げ、創作クラスで教鞭をとった。子どもの読書や読書に困難がある人びとへの共感を強くもち続け、生涯にわたって読書の可能性を追究した。

第5章

スウェーデンの公共図書館における多様な利用者へのサービス

りんごの棚（フィンスカテバリ図書館）

図書館は、国民の知識や情報のギャップをなくすことによって、スウェーデン社会が掲げる平等な社会づくりに貢献しようとしている。この理念を具現化するためにスウェーデン図書館法は、その冒頭ですべての利用者が平等に知識や情報にアクセスする権利について言及し、さらに「公共図書館および学校図書館は、障碍をもった利用者や移民、その他のマイノリティに特別な注意を払い、スウェーデン語以外の言語や利用者のニーズにあった適切な形式の資料を提供する」と述べている。情報へのアクセスが困難となっている人びとに対する配慮は、図書館の存在意義と密接に結び付いているのである。

本章では、移民や難民、先住民、障碍者など、スウェーデン社会における民族的、言語的、文化的マイノリティを対象として提供している図書館サービスに焦点をあて、スウェーデンの公共図書館がそれらの人びとに対してどのようなサービスを提供しているかについて見ていくことにする。

1 障碍者へのサービス

本が自宅にやって来る

身体的・精神的な理由から図書館を利用するにおいて困難を抱えている人びとへのサービスは、

世界中の図書館で提供されている。そのなかでスウェーデンは、障碍者へのサービスにおいて世界最高のレベルを誇っている国といえる。

自宅で療養中の人や障碍があるために、あるいは高齢で図書館に来ることが困難な人に無料で本を届けるサービス「本が来る（Boken Kommer）」は、どの図書館でも実施している基本的なサービスである。利用者は、事前に登録して、図書館の資料から好みのものをリクエストして持ってきてもらうというものである。

サービスが受けられるのは、自分で自由に移動することが困難な人にかぎられている。また、高齢者福祉施設への資料の配本をはじめとするサービスもごく普通に行われている。司書が施設内のコーナーに図書館の本を並べたり、各個室に本を届けたりするのである。三か月ぐらいのサイクルで、新しい本と交換されている。それ以外にも、訪れた司書が高齢者のためにブックトークを行うこともある。

視覚障碍者へのサービスは、スウェーデンの障碍者サービスのなかでもっとも早くから取り組まれてきた伝統的なサービスといえる。スウェーデン国立録音点字図書館（Talboks- och punktskriftsbiblioteket：ＴＰＢ）が録音資料の製作や網羅的な収集を行っており、それをレーンレベルの地域図書館やコミューンレベルの図書館に貸し出すという図書館間の連携によってサービスを提供している。また、ＴＰＢが作成する全国目録のなかから利用者が読みたい資料を選び、それを各図書館がＴＰＢからダウンロードして、ＣＤ－ＲＯＭに記録したものをリクエストした利用者にわたすというサービスも行っている。

こうしたサービスのおかげで、利用者は図書館に置いてある視覚障碍者用資料だけでなく、ＴＰＢの幅広いコレクションから資料を選択することができるのである。ちなみに、資料のデジタル化サービスは、精神的・物理的な障碍によって通常の活字資料を読むことができない利用者にかぎられており、スウェーデン語の読み書きができない移住したばかりの移民・難民は、資料のダウンロードサービスを受けることはできない。というのも、移住による言語使用上の困難は障碍ではなく克服しうるものだと捉えられているからである。そのため、移民が読み書き能力を獲得するために、コミューンは語学教育を二年間無料で提供している。

スウェーデンの図書館に行ったら「りんごの棚」を探してみよう

スウェーデンの図書館は活字へのアクセスが困難である人に対して、きめ細かなサービスを行うことで情報を提供してきた。先ほど述べたように、視覚障碍者への録音資料の提供や点字図書の提供はその代表的なサービス例である。最近は、視覚障碍者だけでなく学習障碍やディスレクシア（難読症）、また移民なども文字を読むことが困難な人びとであると捉え、サービスの対象を広げて適切な資料を提供している。

読むことが困難な人へのサービスはスウェーデンの図書館サービスの重点課題となっているが、そうした読書支援サービスの一つが「りんごの棚（äppelhylla）」（本章トビラ写真参照）というアイデアである。スウェーデンの図書館に行くと、リンゴのキャラクターが目印となっている書架を見かけるが、ここには、通常の活字を読むことが困難な人のための録音資料や大活字本、デジタル資料などの資料が並べられている。

このりんごの棚は、もともとはヘルノーサンド図書館（Härnösands Bibliotek）が一九九二年一一月にロンドンの「障碍をもつ子どもたちのための国立図書館（National Library for the Handicapped Child）」の活動を参考にして、独自の資料を集めた「りんご図書館（Äppelbibliotek）」を開いたことからはじまった。当初、コンピュータ会社のアップル社から資金面での援助を受けていたことから、スウェーデンの彫刻家が特大のりんごの

読むことが困難な利用者のための録音資料
（ホーグダーレン図書館）

オブジェを作成したことで、読むことに困難がある人のための図書コーナーのシンボルマークとしてりんごが採用された。その後、どこの図書館でも取り入れやすいようにと、サービス規模を縮小した「りんごの棚」としてスウェーデン全土に拡まったのである。

りんごの棚に並べられる資料には、手話のイラスト入りの資料、触る絵本、点字図書、大活字本、録音資料、読みやすい本、などがある。このなかから、「録音資料」と「読みやすい本」の二つについて説明しておこう。

録音資料とは、本の内容が最初から最後まで吹き込まれているメディアのことをいう。原本の文章が忠実に録音されており、文章を短縮したり、簡単に読めるように修正を加えたり、内容の一部を抜粋したりして吹き込むことは許されていない。対象者や用途別、分野別に、純文学、ノンフィクション、録音資料と録音内容を文字化した本からなる読書訓練用録音資料、スウェーデン語以外の言語による

打ちやすいキーボード（エステルマルメ図書館）

録音資料、学術的な内容をもつ録音資料などがある。

　読書訓練用録音資料とは、読書訓練用に、さまざまなスピードで録音されているメディアのことである。一度目は通常の速度で、二度目はややゆっくり、三度目はとくに遅い速度で録音されている。印刷されている文章は短く、読みやすい活字となっている。これらは、テキストと音声メディアが一つのパッケージとなっている。個人にあったスピードを選ぶことができるので、音声と同時に文章を追いやすく、読書に親しむきっかけとなっている[1]。

　これまでは、カセットテープや音楽ＣＤに録音されることが多かったが、現在ではこれらに加えて、マルチメディア形式のDAISY《ディジー》資料が増えつつある。DAISYとは、Digital Accessible Information System の略称で、テキスト・画像・音声を用いたマルチメディア形式の資料を製作する際の標準的な様式を定めたものである。すでに出版された本をDAISY資料に再編集するときには、著作者から許諾を得たうえで製作を行っている。DAISY資料は、パソコンでも視聴できるほか、操作が簡単な専用の再生装置がある。その機械を、DAISY資料とともに貸し出している図書館もある。

（1）スウェーデンのディスレクシアに関する情報——スウェーデン国立録音点字図書館（ＴＰＢ）報告書より。「障害保健福祉研究情報システム」http://www.dinf.ne.jp/doc/japanese/access/library/swedendx.html

次は「読みやすい図書」である。読むことが困難な読者に対して、普通の本を大きな活字を使って出版し直したり、録音資料に加工することも重要なことであるが、実は「内容の読みやすさ」についても考慮することが、読書にかかわるバリアを取り除くためには有効となる。この点でも、スウェーデンの取り組みは世界をリードしているといえる。

ストックホルムの「読みやすい本センター（Centrum för Lättläst）」では、「読みやすい本は理解しやすい本」をスローガンに、図書や〈8ページ（8 SIDOR）〉と呼ばれる週刊新聞の刊行を行ってきた。センターの運営には障碍者団体や政治家などが参画し、国から運営費の補助も受けている。読みやすい本の読者として想定されているのは、まず第一には知的障碍、学習障碍、失語症、ディスレクシア（難読症）など、読みに困難をもつ人びとである。また、何らかの理由で通常のスウェーデン語資料を読むことが難しい人、たとえば移民や高齢者にとっても「読みやすい本」は読書のための重要なツールとなっている。

読みやすい本をつくるためには、いくつかの約束事がある。たとえば、内容面では具体的でシンプルなストーリー、時間軸に従った物語の展開、表現に関してはシンプルで、意味のはっきりした分かりやすい言葉の使用などである。ほとんどの「読みやすい本」はイラスト付きなのだが、そのイラストについても本文と直接関係したものを使うこと、イラストの対象となる物体を正面から描くことなどが決められている。このようにしてつくられる「読みやすい本」のジャンルは、文学、詩集、短編、写真集、ノンフィクションなどにわたり、すでに五〇〇点以上が専門の出版社「ＬＬ出版（LL-förlaget）」から刊行されている。

もちろん、書店でも売られている。図書館では、「読みやすい本」が分かりやすい場所に置かれているし、司書も読むことが困難な人びとにこうした資料を積極的にすすめている。「読みやすい本」の刊行とその提供が世界に先駆けてスウェーデンで行われているのは、スウェーデンの社会理念である「平等」を読書という分野で保障するためである。そして、その流通に図書館が重要な役割を果たしている。

一方、〈８ページ〉は、スウェーデンやその他の国のニュース、スポーツ、文化などを短い文章と豊富な写真で伝える週刊新聞である。フォントの大きさや分かりやすい表現に配慮して、読んですぐ分かるような工夫がなされているほか、音声データも提供されている。また、年間を通じてテーマ別に数回発行されている増補版の「追加ページ（Flera Sidor）」では重要な話題についての解説があるため、定期版よりもニュースの詳細な背景を理解することが可能となっている。

8 SIDOR

Romerna får inte stanna

Bodström gick inte med på drogtest

読みやすい新聞〈８ページ〉
出典：読みやすい本センターホームページ　http://www.8sidor.se/start/bibliotek

ところで、「読みやすい本センター」は、読書に困難のある人に対して、本や新聞、政府からの情報などを読みやすい形で提供している図書館に対して「読みやすい図書館大賞」を授与している。ノミネートには、その図書館がさまざまな利用者のもつ読書ニーズを認識していること、「読みやすい本」を必要としている利用者に対してサービス活動を行っていることなどの条件が定められている。受賞した図書館には、表彰状のほか読書推進活動のために一万クローナ（約一二万円）の活動費が与えられている。

二〇一一年には、条件を満たした六館のなかからストックホルムから西へ約六〇キロメートル離れた場所にあるストレングネス図書館（Strängnäs Bibliotek）が「第三回読みやすい図書館大賞」を受賞した。受賞に際し、とくに評価されたのは、「読みやすい本」の読書サークル活動である。

二〇一一年現在、五つのサークルが存在し、それぞれ五人前後のメンバーによって週に一度の頻度で活動している。「読みやすい本」は、スウェーデン語を学習中の移民にも支持されている。そのため、読書サークルのメンバーには移民も含まれており、読みやすい本の読書サークル活動がスウェーデン人と移民との交流の場にもなっている。

授賞式の場で、ストレングネス図書館の司書は、「読みやすい本の助けを必要としているさらに多くの人びとに本を届けられるよう、今後も活動を継続していきたい」と語った。そして、獲得した活動費を活用して「文学フェスティバル」を開催する予定であることを発表した。「読みやすい図書館大賞」は二〇一一年が四回目となる新しい活動であるが、着実に、公共図書館における「利用者の読書への障壁を減らしていく意識」を高めることに貢献している。また、日本でも、スウェーデンの活動からヒントを得ながら「読みやすい本」を提供しようという動きが生まれつつある。とくに、大阪市立中央図書館は「読みやすい本」の普及に力を入れており、二〇一〇年から二〇一二年現在まで、「ＬＬブックセミナー」と題したセミナーを継続的に開催している。一回のセミナーの時間は約三時間三〇分で、興味がある人は無料で参加することができる。

そのほか、近畿視覚障害者情報サービス研究協議会は日本語で作成されている読みやすい本をリスト化してウェブ上で公開しており、誰でも一覧を参照することが可能となっている(2)。

「読みやすい図書館大賞」を受賞したストレングンネス図書館スタッフ
出典：読みやすい本センターホームページ
http://www.lattlast.se/om-oss/press/nyheter/stranghas-bastla-lattlasta-bibliokek-2011

2 移民・難民へのサービス

スウェーデンの移民や難民を取り巻く環境

スウェーデンには、多くの移民や難民が滞在している。二〇〇九年の統計によると、外国生まれ、もしくは両親が外国生まれの人の割合は全人口の一八・八パーセントにまで達している。しかも、この数字には、第三世代の移民や両親の一方が外国生まれの人、スウェーデン国籍をもたない人は入っていない。スウェーデン社会で、移民とその子孫の占める割合がいかに高いかを示す数値である。とくに移民の比率が大きいストックホルムのような大都市では、たとえば地下鉄に乗って周りを見わたすと、同じ車両には髪の毛の色、肌の色、目の色が違うさまざまな乗客が乗り合わせていることを実感する。

移民や難民の数が増加したのは、労働力不足を補うことを目的に、政府が多くの外国人労働者を受け入れた第二次世界大戦以降である。一九七〇年代まで、移民の大半はユーゴスラビアやフィンランド出身者だった。一九八〇年代に入ると、パレスチナやレバノン、エチオピア、ソマリアからの難民を受け入れ、移民・難民の占める割合が目立って大きくなった。

スウェーデンで最初となる移民統合政策である「在住外国人および少数民族政策に関する基本

方針（Regeringens Proposition om Riktlinjer för Invandrar- och Minoritetspolitiken m. m.）」が採択されたのは一九七五年のことである。「平等」、「選択の自由」、「協力」を柱として、移民に対する社会的な権利を保障することの重要性が示唆され、多言語での情報提供や無償のスウェーデン語教育などの必要性が議論されるようになった。

そんななか、スウェーデンにおいて移民・難民を対象とした図書館サービスがはじまったのは一九七〇年代の後半からである。一九七五年の移民統合政策では「積極的二言語主義」が提唱されたのだが、これは移民の子どもの人格形成にとって、親の出身社会の言葉を身につけることが重要であるという主張に基づくものであった。

言語をめぐる議論のなかで、移住後に移民が出身社会の言語と接点をもつための環境整備が課題となった。公共図書館はこの課題にこたえるべく、移民の母語資料の収集を開始した。一九七〇年代の後半からは、移民のために多言語資料を購入するための特別補助金を国家から受けられるようになったため、図書館での多言語資料の提供サービスが多いに前進した。

（2）「LLブック・マルチメディアDAISY資料リスト」http://homepage2.nifty.com/at-htri/LL&DAISYList090113.pdf。藤沢和子、服部敦司編著『LLブックを届ける――やさしく読める本を知的障害・自閉症のある読者へ』読書工房、二〇〇九年、三二七ページ。

ストックホルム市立図書館の国際図書館

スウェーデンにおける移民・難民サービスの中心的な存在は、ストックホルム市立図書館に併設されている国際図書館である。組織としてはストックホルム市立図書館に属しているが、運営費はストックホルム市から五〇パーセント、県の単位にあたるストックホルム・レーンから二五パーセント、国から二五パーセントが出ている。

国際図書館の最大の特徴は、ストックホルム地域だけでなく、スウェーデン全体を対象にサービスの提供を行っている点である。六階建ての建物のうち、三つのフロアーを一般市民に開放しているため、直接来館して、資料の閲覧や貸出サービスを受けることが可能となっている。また、直接来館することが難しい場合でも、コミューンの公共図書館を介して国際図書館の資料を入手することができる。必要に応じて国境を越えた資料の貸借も行っているので、国外に存在する資料も申請さえすれば利用が可能である。

国際図書館の入り口

各言語で「本を読みましょう」と書かれている

国際図書館では、各地域の言語に精通している司書が実際の任務にあたっている。一人の職員がたいてい二、三か国語を守備範囲としているため、実際に対応可能な言語数は一〇〇言語以上にもなる。職員は専門言語を活かして、新たな資料の収集、目録の作成、利用者からの相談、移民へのサービスに取り組んでいる図書館への支援など、多岐にわたる業務を行っている。ちなみに、本書の執筆者の一人である小林ソーデルマン淳子もここの図書館のスタッフである。

国際図書館が所蔵する資料は、スウェーデン語、ほかの北欧言語、少数言語、英語、フランス語、ドイツ語以外の一〇〇以上の言語で表されたもの約二〇万点に上っている。図書だけでなく、雑誌、ビデオ、音楽ＣＤなどもあり、新聞以外は貸出も行っている。

国際図書館が購入しているデータベースを通して、約九〇か国で刊行された一七〇〇紙の新聞にアクセスできるため、利用者は出身社会の言語を使ってそこの情報を入手すること

見学者も多く訪れる（写真提供：国際図書館）

が可能となっている。たとえば、日本語で読める新聞として〈毎日新聞〉があるが、現在もインターネット上で発行される新聞の数は常に増え続けている。

移民に対する図書館サービスの支援

国際図書館のウェブサイトの情報は、アラビア語、中国語、ペルシャ語、ロシア語、スペイン語、ポーランド語で読めるだけでなく、その原語を使用して資料の検索も可能となっている。また、全国で多言語資料サービスに携わる図書館を支援するために、館内掲示用の標識やパンフレットの見本版（テンプレート）を二〇以上の言語で作成し、同じくウェブサイト上に公開している。コミューンの図書館が地域の移民に多言語資料サービスを行う際、慣れない言語でパンフレットなどを作成することはとても大変だが、この見本版を利用することで、効率よくサービスの体制を整備することが可能となる。

そのほか、登録制で専門情報の提供も行っている。ウェブサイトを通じてメンバー登録した図書館員には、定期的なニュースレターの送付や、無料でアクセスできる多言語資料の紹介などのサービスが提供されている。また、電子的な情報提供だけでなく、登録メンバーによるディスカッション・フォーラムも開催しており、多言語を扱う図書館サービスについて図書館員同士が直接会って意見交換を行う場となっている。

世界中から作家を招いて各地の文化を紹介

国際図書館では、二〇〇四年から毎年一一月の第一週目に世界各国から児童文学作家を招聘《しょうへい》し、学校訪問やセミナー、ワークショップなどを開いてきた。この催し物には、母語がスウェーデン語以外の子どもたちの読書意欲を高めるとともに、司書や教員、作家、出版関係者が他国の児童図書に関する知識を増やすという目的もある。これまでに三三名の作家が二七か国から国際図書館を訪問しており、日本からは富安陽子氏(3)が二〇〇七年に訪れている。

また、二〇一一年は一一月一四日から一八日までが児童図書週間に設定され、エストニア、コロンビア、レバノン、セルビアの四か国から四名の児童文学作家が招待された。この期間中に国際図書館を訪れた児童は、各国から招かれた作家と自由に話し合った。

この特別な招聘期間以外にも、国際図書館では平均して毎月一回作家訪問か講演を企画している。二〇一〇年から二〇一一年にかけて、カナダ、スイス、シリア、ラトビア、ロシア、そして中国から作家の訪問があった。作家が講演会を開催するときには、原則として作家の出身社会の言語で講演をしてもらっている。

（3）　一九五九年生まれの児童文学作家。代表作に『クヌギ林のザワザワ荘』（あかね書房、一九九〇年）、「小さなスズナ姫」シリーズ（偕成社、一九九六年）、『空へつづく神話』（偕成社、二〇〇〇年）など。二〇一一年『盆まねき』が野間児童文芸賞を受賞した。

多様な文化的背景をもった利用者のためのサービスに専念してきた国際図書館に、うれしいニュースが届いたのは二〇一一年の秋だった。情報関係で働いている専門職のための協会であるドキュメンテーション情報文化協会(Dokumentation, Information, Kultur : DIK)によって、国際図書館が「ライブラリー・オブ・ザ・イヤー 2011」に選ばれたのだ。国際図書館が、継続的に移民と母語資料を結び付ける努力を重ねてきたことが、図書館関係者のみならず、文化関係の協会や組合から高く評価された結果である。その授賞理由は、国際図書館が開催する多様なプログラムを通じて利用者が文化的な出合いの機会を得ていること、移民サービスに携わる図書館に対する支援を積極的に行ったことであった。

高齢の移民を対象とした読書サークル

移民への図書館サービスについていえば、スウェーデン

職員全員が言葉の専門家（写真提供：国際図書館）

ではとりたてて取り上げる必要がないほど当たり前になっていて、多言語資料の提供から文化プログラム、学習会の企画まできめ細やかなサービスが実施されている。ここではその一例として、国際図書館で行われた高齢の移民を対象としたサービスを紹介しよう。

高齢の移民は、スウェーデンでの在住年数は長いもののスウェーデン語を習得していない場合が多いので、文化活動への参加が難しく、しばしば孤独感を抱くといった状況となっている。国際図書館は、ストックホルムですでに二五年にわたって移民の支援活動を続けてきたシリア協会の協力を得て、二〇〇四年にアラビア語話者の高齢移民を対象とした読書サークル活動に着手した。

参加者は自分の好きな図書を図書館から借りて読み、読書サークルの場で互いに読後感をアラビア語で話し合う。サークル参加者にかぎり、返却期限は通常より長い八週間に延ばされているので、返却日を気にせずにゆっくりと読書を楽しむことができる。また、読書会に加えて博物館など文化施設への訪問も組み込まれており、見学を通して参加者間の交流はさらに深まった。

読書会の活動として当初予定していたのは午前中の二時間だったが、参加者の話は尽きなかったようで、お茶や弁当を持参して、午後も引き続き話しているという光景がしばしば見られた。そして、この活動に参加するまでは図書館に出入りしたことがなかった参加者の大半が、活動を通じて図書館を利用するようになったという大きな成果があった。なかには、自ら本を書きはじめる参加者も現れたほどである。

「スウェーデン語ができないから図書館は使えない」、そういった利用者自身の思い込みを取り払ってもらうために、国際図書館では今後もいろいろな年代に向けてサービスを提供していくことを計画している。

子どもたちの学習を図書館が支援する

国際図書館にかぎらず、スウェーデンには移民・難民を対象とした興味深い公共図書館の取り組みがたくさんある。次は、スウェーデンの多くの図書館が行っている移民の子どもたちを対象としたサービス「宿題支援（Läxhjälp）」を紹介しよう。

宿題支援は、放課後に公共図書館の一角で開かれている、移民の子どもやティーンの宿題支援をする活動である。移民の子どもの場合、両親がスウェーデン語を話せないことが多いため、学校で出された宿題を子どもが質問しても答えられないことが多い。そこで、公共図書館の中に宿題を支援する場を設けて、移民の子どもの学習上における問題を取り除こうとしているのである。

公共図書館は場所の提供と活動を補助するという役割に徹しており、実質的な活動や運営はスウェーデン赤十字協会（Röda Korset）のボランティアが行っている。ボランティアの主たるメンバーは、定年退職をし、時間に余裕がある高齢者や教員志望の大学生が多い。ボランティアにとっては宿題支援に参加することで新たな経験や刺激を得ることができるという利点がある一方、参加する子どもたちにとっては、ボランティアが対応するので先生と話すときよりも気軽に相談できるという利点がある。

登録制ではなく自由参加制を取り入れているため、プログラムには事前の申し込みなしに気軽に立ち寄ることができる。また、無料でソフトドリンクやお茶、お菓子なども準備されており、子どもたちがリラックスしながら学べるという工夫がなされている。

ソマリア系難民を支える図書館サービス

最後に、難民を対象とした図書館サービスを取り上げたい。

首都であるストックホルムは、移民の数がもっとも多い都市である。そのなかでも、移民が固まって住んでいる地区にストックホルム市立図書館の地区館であるリンケビー図書館（Rinkeby Bibliotek）がある。ここでは、住民の文化的背景に考慮した図書館づくりが行われている。

リンケビー地区に住む一万七〇〇〇人のうち七五パーセントがスウェーデン以外の民族的背景をもっており、一平方キロメートルの面積のなかに一〇〇以上の言語を話す人びとが共存している。そんなこともあって、リンケビー図書館では主要な活動目的を、住民のスウェーデン語の学習を支援すること、そして住民の出身社会の言語で資料を提供することに定めた。この地区で、とりわけスウェーデン社会への適応に課題が見られるのはソマリア系の移民・難民である。そのため、リンケビー図書館では、ソマリア系の移民・難民に焦点をあてたプロジェクトを複数実施している。

二〇〇一年から二〇〇四年までの間、館内にソマリ語のコレクション専用の書架を配置して集中的に資料を収集した。ソマリ語資料のニーズは高いものの、ソマリ語で出版されている資料の数は少ないため入手は非常に難しい。そのような状況のなか、リンケビー図書館はソマリ語資料の出版を行っているイギリスのマントラ出版（Mantra Publishing）の協力を得て、ソマリ語と英語が併記されている児童向けの資料や詩集、小説などを収集することが可能となった。

リンケビー図書館の外観

また、資料を収集するだけではなく、ソマリア系の移民や難民の読書への関心を刺激する活動を企画した。たとえば、二〇〇一年と二〇〇四年には、ソマリア出身の作家をリンケビー・ブックフェアに招いてトークショーを行った。また、二〇〇一年には、ソマリア系移民女性の一人がストーリーテラー兼ソマリア系グループとの橋渡し役として活動し、ソマリ語とアラビア語の二言語で女性移民を対象としたお話し会を運営したこともある。

二〇〇四年から二〇〇五年には「ともしびプロジェクト（Projekt Kaah）」が計画され、このプロジェクトに関連して、ソマリア系の移民男性一名がリンケビー図書館に雇用された。プロジェクト名の「Kaah」とは、ソマリ語で「ともしび／あかり」である。このプロジェクトがソマリア系の移民・難民の生活において「ともしび」となるように、という思いからこの名が付けられたそうだ。ソマリアからの移民経験をもつこの職員は、ソマリア語資料コレクションの維持や管理、ソマリア系移民からの相談に対しての助言、そして各種書類のソマリ語からスウェーデン語への翻訳などを担当した。

このように、リンケビー図書館では、さまざまな手法でソマリア系の移民や難民に働きかけを行った。もともと読書習慣がなかった人びとに対して読書への関心を高めることは決して容易なことではないが、地道な活動によって少しずつソマリア系の人びとの読書に対する興味は大きくなり、リンケビー図書館に来館する人の数も増加傾向にある。

北欧で大人気のアルフォンス君シリーズのソマリ語版

3 少数民族（サーミ人）へのサービス

スウェーデンにおける言語的少数派

近年、スウェーデンの大学や企業では、共通言語として英語が用いられるようになっている。また、スウェーデン語以外の母語を有する住民の数も、二〇〇九年には人口の二割弱を占めるようになった。そのようななか、スウェーデン語と少数言語それぞれの法的地位を明確にすることを目的として、二〇〇九年七月に「言語法（Språklag）」が施行された。この言語法は、スウェーデン語を主要言語として位置づけると同時に、国内の少数言語や住民の母語を保護するものである。

言語法に「少数言語」として明記されているのは、サーミ語、フィンランド語、スウェーデン最北部のフィンランドとの国境付近で話されているメアンキエリ語（meänkieli）、ロマニ・チブ語(3)、イディッシュ語（ユダヤ人によって使用されている言語）の五言語である。

スウェーデンでは、少数民族の文化や少数言語を保護し、次世代へ継承していくことが重要視されているわけだが、そうした文化継承の推進機関として公共図書館や博物館が機能している。

ここでは、スウェーデンの少数言語の一つであるサーミ語を使用して生活しているサーミ人を取り上げ、サーミ人を対象に提供されている公共図書館サービスについて紹介していきたい。

先住民族サーミ人とサーミ文化

サーミの人びととは、ノルウェー、フィンランド、スウェーデンの北欧三国と、ロシアのコラ半島（Kol'skiipoluostrov）にまたがって居住する少数民族のことであると同時に先住民族である。スウェーデンのサーミ人は、概算で二万人前後とされている。

サーミ人の多くはサーミ地域に居住している。サーミ地域とは、ノルウェー、スウェーデン、フィンランドに存在するサーミ人が暮らす伝統的な地域のことである。スウェーデンでは、キルナ（Kiruna）、イエリヴァーレ（Gällivare）、ヨックモック（Jokkmokk）、アリエプローグ（Arjeplog）の四つの自治体がサーミ地域として法律で定義されている。

伝統的にサーミ人は、手工芸や狩猟、漁業、トナカイの飼育や放牧が生業であったが、近年ではサーミ地域からの人口流出が甚だしく、ストックホルム周辺でスウェーデン人と変わらない生活を営む者も増えてきた。

サーミ人は「サーミ語」という独自の言語をもっている。しかし、サーミ人全員がサーミ語の

(3)　インド北西部に起源をもち、ヨーロッパで移動生活を送ってきた民族によって話される言語。

話者ではなく、スウェーデンにおけるサーミ語の話者は五〇〇〇人から一万人といわれている。また、サーミ語と言っても一〇種類のサーミ諸語に分かれており、そのうち、北サーミ語、南サーミ語、リューレ・サーミ語の三つがスウェーデンで話されている。サーミ地域からの人口流出やサーミ語話者の減少などにより、サーミの文化を継承する人の数は減少の傾向にある。

サーミ文化を守る公共図書館サービス

サーミに関する図書館サービスを提供している主要な機関として、サーミ議会（Sametinget）が運営しているサーミ図書館（Samernas Bibliotek）が挙げられる。サーミ図書館は、利用者がサーミに関連した資料にアクセスしやすいように電子図書館を開設し、インターネット上でサーミに関する資料の予約ができるようにしている。また、サーミ地域やサーミ学校にある図書館がサーミに関する資料を求める場合には、サーミ図書館が資料を貸し出している。(4)

スウェーデン北部に位置するビューホルム（Bjurholm）、ノードマーリング（Nordmaling）、ロバーツフォシュ（Robertsfors）、ヴィンデルン（Vindeln）、ウーメオ、ヴェンネース（Vännäs）の六つのコミューンの図書館は相互に連携しており、この地域の住民は共通の利用カードで六つの図書館を自由に利用できるようになっている。これらの六つの自治体の図書館は「私の図書館（Minabibliotek）」という電子図書館（http://www.minabibliotek.se/）を運営しており、スウェーデン語、英語、フィンランド語のほかに北サーミ語と南サーミ語によるサービス提供を行っている。「私の図書館」では、ウェブ上でサーミ語を利用して返却期限の延長や資料の予約手続きが行えるほか、今後実施予定のプログラム情報をサーミ語で得ることができるようになっている。そのほか、サーミ地域の一つであるヨックモックに位置するアイテ図書館（Ájtte Bibliotek）も、サーミ人に対する図書館サービスを熱心に行っている。その様子を、簡単だが紹介しておこう。

サーミ地域の一つであるヨックモックには、「スウェーデン・山とサーミ博物館（Svenskt Fjäll- och Samemuseum）」という施設がある。アイテ図書館はその博物館の中に存在する図書館で、サーミ人の民族誌、山岳地域の生活・文化、サ

（4）サーミ人の児童を対象とする学校。サーミの文化やサーミ語に関する授業がある。

「私の図書館」のサーミ語トップページ
出典：ウーメオ地域図書館のホームページ
http://www.minabibliotek.se/

ーミ語などに関する資料を収集し、保存と提供を行っている。図書館が博物館に併設されているため、来館者は博物館の展示物と図書館の資料を相互に参照しながらサーミ人の歴史や文化について知識を深めることができる。

この図書館は、先述したサーミ議会の運営しているサーミ図書館のコンサルタント業務も行っている。サーミ図書館の電子図書館サービスを通じてサーミに関する資料について質問や相談を受けた場合、アイテ図書館の図書館員がその相談に応じる形で連携が図られている。このように、アイテ図書館は、山とサーミ博物館とサーミ図書館という二つの施設との密接な協力体制によってサーミに関する資料の提供を行っているのである（序章のトビラ写真参照）。

第 6 章

スウェーデンの読書事情と出版事情

戸外での読書は夏の最高の楽しみ

本章では、本にかかわるさまざまなテーマについて、スウェーデンの日常生活を重ねあわせてお伝えしていきたい。まず初めに、ストックホルムでの読書関係の行事や市民の読書生活を、四季の移り変わりとともに紹介していく。それから、スウェーデンの読書事情や出版状況を、図書館界と出版界の密接な結び付きに注目しながら見ていくことにする。

1 スウェーデンの四季と読書

冬から春へ

新年が明けると、暗い時間の多かったスウェーデンでも日が徐々に長くなり、待ち望んでいた太陽がときどき顔を出すようになる。といっても、一月はもっとも寒い月なので、相変わらず家の中で過ごす時間が多く、大人も子どもも、クリスマスプレゼントにもらった本を読んでいるという光景がよく見られる季節である。大人ならば、一二月に表彰式がストックホルムで行われたノーベル文学賞作家の作品に挑戦しているかもしれない。

クリスマス休暇が明けて一月の二週間目に学校がはじまると、子どもたちは第4章でご紹介した「本の審査員」の活動のため、せっせと読書に勤しむことになる。片や児童司書や学校図書館司書は、前年に出版された児童図書を子どもたちに紹介する準備で忙しい時期を迎える。

誰もがクリスマスプレゼントの本を読み尽くしてしまったころ、タイミングを見計らったかのように、スウェーデンでもっとも多くの読者をもつ朝刊紙〈ダーゲンス・ニーヘーテル（Dagens Nyheter）〉のホームページで「オンライン読書サークル」がはじまる。読者の代表が三名選ばれ、一か月ごとに読み終えた本の感想や意見をインターネット上で交換し、最終回には読者の代表と作家が対面するというなかなか刺激的なプログラムとなっている。この作家との対面イベントは公開されており、読者の代表と読書をともにしてきたリスナーのうち、希望者は参加可能となっていることも魅力的である。

二月になると、「ストックホルム市民は読む（Stockholm Läser）」と呼ばれているイベントがはじまる。一つの本をコミュニティの「みんなで読むこと」を主旨とするこのプログラムは、もともとアメリカではじまったもので、現在では世界各地に拡がっている。スウェーデンでは二〇〇一年にはじまったが、二〇一〇年からは「東部作家センター（Författarcentrum Öst・二一九ページ参照）」とストックホルム市立図書館がプログラムの運営を引き継いでいる。

プログラム自体はとてもシンプルで、ストックホルムが描かれた作品一冊を参加者全員が読む、ただそれだけである。そして、二月から春いっぱいかけて、選ばれた本を対象にしたいろいろな催し物が開かれている。読後の感想を語る会、本の内容や作家についての討論会、関連映画の上映会、本に出てくる場所の散策など、参加者はインターネット上での参加に加え、実際に出掛けて活動をともにしている。

このイベントは、ゴーデンバーグ（Gödenberg）、エースローブ（Eslov）、ヤーブレ（Gävle）にも拡がっているし、隣国デンマークでも実施されている。人とのつながりが何よりも貴重な現代社会、一冊の本を通じて知らない人同士が結び付くという単純だけれども奥の深いイベントが、ストックホルムの早春の行事になりつつある。

二月末、恒例の本の大バーゲンセールがはじまる。本屋によっては、バーゲン初日には真夜中に開店するという店もある。この日を心待ちにしていた人たちは何重にも温かい衣服を着て、今まで狙っていた本を一刻も早く入手しようと、時には氷点下二〇度のなか、星空のもとで行列をつくっている。もっとも、ネット上の書店も同じくセールを実施するから、寒がりの人にも入手するチャンスはある。

同じ時期、学校は一週間のスポーツ休暇に入る。この休暇は、

バーゲンに訪れた本好きの夫婦

出典：ヨンショーピング（Jönköping）のローカル紙〈Jnytt.se〉のホームページ　http://www.jnytt.se/nyhet/38560/bokrean-ar-i-full-gang

一年でもっとも寒い時期に、学校の暖房費を節約することを目的として一九四〇年に設けられたものである。子どもたちの休みにあわせてスキーに出掛ける家族も多い。スキーやスケートを戸外で楽しんだり、凍った湖の厚い氷に穴を開けて魚釣りをしたりと、寒い時期ならではの過ごし方がスウェーデンにはたくさんある。

そんな楽しみのために氷点下の戸外で何時間も過ごすと、身体が芯から冷え切ってしまう。急いで家に戻ってサウナに入って身体を温め、暖炉の前で、大人ならコーヒーを、子どもならココアをすすりながら読書を楽しむ時間は、真冬でしか味わえない平穏と落ち着きをもたらしてくれる。しかし、せっかくのスポーツ休暇なのにどこにも行けない子どもたちのために、図書館ではこの時期に特別なプログラムを提供することが多い。たとえば、ストックホルム市立図書館ではマンガを描くワークショップを開催したりしている。

また、スウェーデンのラジオ局「P1」は、一年に四冊の本を選んで読書サークルを番組として開催している。二〇一一年には、村上春樹氏の『うずまき猫のみつけ方』（新潮社、一九九六年）が選ばれた。村上春樹氏のファンはスウェーデンでも年々増えている。

このときには、カールスクローナ・コミューン（Karlskrona Kommun）のリュッケビー図書館（Lyckeby Bibliotek）とハリダ・コミューン（Härryda Kommun）のフーレベック高校（Hulebäcksgymnasiet）の三年生が参加し、熱心に村上作品について語り合った。討論の様子はブログで紹介されたほか、番組のホームページからＭＰ３形式でダウンロードも可能となっていたので、ラジオを聴き逃した村上ファンも後日ゆっくりと番組を楽しむことができた。

三月に入ると、雪や氷は解け切っていないものの朝晩はずいぶん明るくなり、長い冬の終わりが近づいてきたことに気付かされる。そして、春の訪れとともに、陽当たりのよい土手には次から次へとフキタンポポが顔を出してくる。

春から夏へ

三月末からの一週間は復活祭休暇になる。洗足木曜日（復活祭前の木曜日）に、箒に跨って悪魔のいるブロークッラ（Blåkulla）へ飛んでいくと伝えられる「魔女」に扮した子どもたちが手づくりのイースターカードを近所に配って歩き、そのお返しにお菓子をもらうというのが習わしである。この時期、子どもたちは学校で復活祭に関する本を読むことが多い。

読書会に参加した高校生
出典：フーレベック高校のホームページ
http://www.hule.harryda.se/ny/?t=1&p=1533

四月、スェーデン唯一のブックボート（bokbåten）がストックホルム沿岸に位置する群島を一週間かけて訪ねて回る。この船に乗り込んだ職員の日記によると、人間のみならず子ヤギたちまでが船の到着を桟橋で待っていたり、船ごと氷にはまってしまったり、あるいはできたての魚の燻製《くんせい》をお昼にしたりと、ハプニングと楽しみの多い行程であるようだ。

年二回のブックボートの訪れを待ちわびていた住民にとっては、あらかじめ図書館に頼んでおいた本を受け取るだけでなく、ブックボートで運ばれてきた本をじっくりと選んで借りるというのもこのうえない喜びとなっている。

四月二三日は国際読書デーである。この日は、多くの人たちと読書を楽しむために、お話し会、ブックトークあるいは作家訪問などを企画する図書館が多い。四月も半ばになると、「本の審査員」に選ばれた子どもたちは最終選考に向けて読書にいっそう熱が入るようになる。

みんなが待ちわびるブックボート
出典：ストックホルム地域図書館のホームページ　http://www.regionbiblioteket.stockholm.se/templates/OneColumn.asp?id=2412

五月、すっかり雪も解け、森や林の地面は白や青のアネモネの絨毯で覆われる。五月の最終日曜日の母の日には、野生のスズランを摘む子どもたちの姿がよく見かけられる。この季節での本にかかわるハイライトは、何といっても、五月末に開かれる児童文学のノーベル賞とも呼ばれる「リンドグレーン記念文学賞」の授与式である。受賞者は記念講演を行い、子どもたちといっしょにワークショップを楽しむことになる。

表彰式はストックホルム・コンサートホール（Stockholms Konserthus）で行われ、野外博物館スカンセン（Skansen）では、関連行事としてストーリーテリングなども披露される。二〇〇五年には、日本の絵本作家荒井良二氏(1)がイギリスの児童文学作家フィリップ・プルマン氏(2)とともに、この栄誉ある賞を受賞した。

ライラックの花が咲き初める六月上旬には、あちらこちらの高校で卒業式が行われる。卒業したばかりの若者たちが、白樺で飾った軽トラックのうしろに乗り込み、音楽を鳴らし、歓喜の声を上げながら町中を走り回る姿があちらこちらで見かけられる。見ているほうにも彼らの喜びが伝わってくる。卒業祝いのプレゼントとして、本をもらう子どもたちもたくさんいる。

そして、六月二〇日前後に行われる夏至祭のころ、町では栗の大木が白い花をつけはじめる。ちょっと町から離れると、野生の花で地面が白や黄色や紫色で埋め尽くされる光景を目にする。スウェーデンの春の盛りである。

夏から秋へ

六月から八月にかけて学校は約一〇週間の夏休みに入る。中学生になればアルバイトをする子どももいるが、ほとんどの子どもたちにとって夏休みは、一日中自由に過ごすことができる時期となる。いくらスウェーデンの夏季休暇が長いとはいえ、子どもと同じだけ休暇が取れる保護者はいない。そのため、図書館では夏休みに入ると子どものためにいろいろな行事を提供している。

ストックホルムのメドボリアルプラッツェン地区館では、二〇一一年五月末から八月末まで、「吸血鬼」をテーマに小説を書いて、その出来栄えを競うというプログラムを開催した。また、ソーデルマンランド・レーン（Södermanlands län）、ヴェストマンドランド・レーン、そしてオーレブロー・レーン（Örebro län）の三つのレーンでは、海岸、スポーツ競技場、ショッピングセンター、あるいは野外マーケットが開催されている所に図書館が小さなワゴン車を出して、子

（1）一九五六年生まれ。処女作『MELODY』（トムズボックス、一九九〇年）を発表し、作家活動を開始する。代表作に『ユックリとジョジョニ』（ほるぷ出版、一九九一年）など。一九九八年に発表された『なぞなぞのたび』（石津ちひろ作、荒井良二絵、フレーベル館）はボローニャ国際児童図書展特別賞を受賞した。

（2）（Philip Pullman）一九四六年生まれのイギリス・ノーフォーク（Norfolk）出身の児童文学作家。英文学を教えながら創作を続ける。イギリスの優れた児童文学に与えられるガーディアン賞とカーネギー賞をともに受賞した『黄金の羅針盤』（大久保寛訳、新潮社、一九九九年）をはじめ『時計はとまらない』（西田紀子訳、偕成社、一九九八年）などの代表作が翻訳されている。

どもたちの夏の読書を促進するためのプログラムを提供した。
さらに、夏ならではの楽しみといえば、海水浴場を回る移動図書館の活躍である。もっとも新しいブックバスには、紙の本のみならず電子書籍の貸出機能をもったバスもあって、利用者は自分の携帯端末に電子書籍をダウンロードすることもできる。休暇中にと思って持参した本を読み終えてしまって困っていたり、本を持ってくるのを忘れた人たちにとっては、こうした最新鋭の移動図書館は歓迎されている。また、通い慣れた地元の図書館が真夏に閉館してしまっていて、本の入手に困っている常連の利用客にとっても大変ありがたいサービスとなっている。

夏は、庭で読書をするのも楽しい季節である。シャクナゲ、シャクヤク、ハマナス、バラが次から次へと花をつけ、リンゴや梨の実も順調に大きくなってくる。赤や濃い紫のクロスグリの実は、早くジャムやジュースにしてよと乞うかのように、ずっしりと重そうな実を芝生につくかのごとく下げている。そして、クロスグリに負けまいとラズベリーもよい香りを発してみんなの鼻をくすぐっている。

採れたてのベリーでつくる自家製ジャム

たわわに実ったブラックカラント

ベリーの甘い香りに混じって漂ってくるのはバーベキューの匂いである。スウェーデンでは、夏の間、庭でバーベキューをする家庭が多い。そんな夕食のデザートには、季節の短いイチゴが頻繁に登場してくる。また、この時期にしかお目にかかれないとっておきの食べ物、ザリガニも忘れることができない。

ストックホルムでは、毎年八月中旬から文化イベントが多く開催され、街のあちこちでダンス、コンサート、オペラ、演劇など約五〇〇本のプログラムが無料で市民に提供されている。「世界一長い本の机」というイベントは、ストックホルムの目抜き通りの一つである「女王通り（Drottninggatan）」の一・五キロメートルを会場にして行われる本の一大イベントである。

書店、古書店、図書館、愛書家の同好会などが五〇〇もの机を二列に並べて、新刊書、古書、稀こう書や安売り本の展示即売会を行う。イベントでは作家のサイン会も行われ、文化フェスティバルの人気プログラムとなっている。二〇一一年は、雨天にもかかわらず訪問者が前年よりも三万人増えて三七万人となり、このイベントの人気のほどがうかがえる。

世界でもっとも長い本の机
出典：ストックホルム市文化フェスティバルのホームページ
http://kulturfestivalen.stockholm.se/2011/program_general.php?GID=62

そういえば、夏の休暇中は時間がたっぷりあるので推理小説を楽しむ人が多い。世界的に人気のある推理作家を何人も輩出しているスウェーデンだが、そのなかでも二〇〇五年に刊行がはじまったスティーグ・ラションの「ミレニアム（Millennium）シリーズ」は、スウェーデン国内のみならず国外でもベストセラーになった。日本でも話題になったので翻訳書を読んだり映画を観た人もいらっしゃるだろう。ストックホルム市立博物館（Stockholms Stadsmuseum）が主催する『ミレニアム』の舞台をめぐる散策も大人気となっており、観光振興にもひと役買っている。(3)

秋から冬へ

夏の長い日々を夜更けまで戸外で過ごしているうちに八月も半ばをすぎ、学校は新学期を迎える。九月に入ると、本好きな人たちの話題はヨーテボリで行われるブックフェアの話でもちきりとなる。会期中には、本の展示会や販売のみならず、講演、ミニ講座、サイン会など二五〇〇以上のプログラムが毎日のように開催されている。本に関心のある人なら、プロ・アマや年代を問わず見逃せない行事となっている。二〇一一年のメインテーマは、「三つの国・一つの言語（Tre Länder – Ett Språk）」ということで、ドイツ語圏の文学に焦点が当てられた。

春に新聞やラジオの読書サークルに参加した人たちにとって秋は、新しい本に取り掛かるシーズンでもある。夏の間お休みしていた図書館でのプログラムも再開される。文芸サークル、おしゃべりカフェ、童歌、赤ちゃんのためのブックトーク、育児休暇をとっている人たちのための読書サークル、宿題カフェ、編み物教室など、各図書館ともバラエティー豊かなプログラムを秋の文化と読書のシーズンに向けて用意している。

キノコ採りのシーズンに入ると、図書館に「キノコ名人」を招いて話をしてもらったり、収穫したキノコが食用かどうかの判定をしてもらう機会を設けるところが多く、キノコの実物を関連図書とともに館内に展示することもある。同じころ、リンゴやナシも熟してくるので、それらを使った料理やデザート、そして保存食品についての本も図書館にはたくさん展示されるようになる。

一〇月後半になると学校が一週間の秋休みに入るので、この時期は、ブックトーク、手芸プログラム、映画会、ク

（３）（Karl Stig-Erland Larsson、通称 Stig Larsson・一九五四～二〇〇四）スウェーデン北部のシェレフテオ（Skellefteå）出身のジャーナリスト・作家。一九八一年にグラフィック・デザイナーとして働きはじめる。ＳＦファンで、スウェーデンＳＦ協会の理事の経験もある。二〇〇二年から「ミレニアムシリーズ」の執筆をはじめ、出版直前に急逝した。邦訳は、ヘレンハルメ美穂訳、早川書房、二〇〇八～二〇〇九年。

大にぎわいの会場

出典：ヨーテボリ・ブックフェアのホームページ　http://www.bok-bibliotek.se/sv/nyheter-engelska/valkomna-tillbaka-nasta-ar/

イズ大会、コンピュータゲーム大会など、子ども向けの行事がたくさん用意されるシーズンでもある。

秋は実りの季節であるが、どんどん日が短くなり、多くの人びとにとっては少し寂しく感じられる季節でもある。この時期は午後三時には暗くなってしまうのだが、その暗さを上手に利用した行事が一つある。一九九六年から続いている北欧諸国共通の文化行事で、「黄昏に寄り添おう(Kura Skymning)」と呼ばれている。

暗い一一月の日暮れにローソクを灯して図書館に集まり、北欧全土で同じ本の一節を読んだり聴いたりするのである。北欧共通の文化遺産である文学に焦点を当てることも、このプログラムの目的となっている。もともとは大人を対象にしたものであったが、学校や就学前学校でも行われるようになった。また、北欧諸国から、エストニア、リトアニア、ラトビアといったバルト三国にも拡がりを見せているプロジェクトである。

ローソクは、暗さを演出するためにスウェーデン人がとてもよく使うアイテムの一つである。スーパーマーケットに行くと、季節や用途によって使い分けていることを証明するように、さまざまな色、大きさ、形のローソクが棚に所狭しと置かれている。夕食に人を招くとき、ローソクの色を紙ナプキンやテーブルクロスの色にあわせるなど工夫する家庭も多い。ローソクのこのような演出に慣れてしまうせいか、暗いことがむしろ心地よく感じられるようになる。

スウェーデン児童図書学会は毎年一一月の一週間を「児童図書週間」として、児童文学のＰＲに力を入れている。就学前学校、基礎学校、図書館では、それぞれ工夫をこらして子どもたちが本に親しめるような行事を企画している。季節柄、怪談やスリラーなどちょっと怖い物語が子どもたちの人気を集めているようだ。

秋は、本好きの人にとってはスウェーデンの国民的文学者であるヨハン・オーグスト・ストリンドバリ(4)の名を冠した「ストリンドバリ文学賞」やノーベル文学賞のゆくえが気になるシーズンでもある。ちなみに、ストリンドバリ文学賞は、スウェーデン出版社協会がフィクション、ノンフィクション、児童図書に授与するスウェーデンでもっとも権威ある文学賞となっている。

受賞作が決まると、図書館も書店もブッククラブも、こぞって受賞者の作品を用意するが、図書館では毎年のように受賞作品に予約が殺到する。また、一九九四年には一六歳から二〇歳の作家を対象とした「小オーグスト賞」も設けられており、新人作家の開拓に貢献している。これまで、この賞の候補者および受賞者のうち六名が作家としてデビューを果たしている。

一二月に入るとクリスマスの用意で、日常生活がにわかに慌ただしくなってくる。各家庭では、

（4）（Johan August Strindberg・一八四九～一九一二）ストックホルム生まれの小説・劇作家。ウプサラ大学で自然科学を学んだ後、一八七四年から一八八二年まで王立図書館で働く。『女中の子（Tjänstekvinnans Son）』（尾崎義訳、創元社、一九五二年）などの作品があり、自然主義的・写実主義的な作風で知られる。

クリスマスには欠かせないショウガ入りのクッキーをたくさんつくったり、部屋のインテリアをクリスマス用に変えたりしてクリスマスを待ちわびることになる。

子どもたちにとっては一年でもっとも楽しみの大きいシーズンであるが、そのワクワク感をさらに高めているのがアドベント・カレンダー（julkalendern）である。アドベント・カレンダーとは、一二月一日からクリスマスまでの間に使う特別のカレンダーで、日付の入った窓があって、それを毎日一つずつ開けていくという仕組みになっている。とりわけ、窓の中にお菓子が入ったアドベント・カレンダーは子どもたちに大人気である。

スウェーデンでは、子ども向けのテレビ番組やラジオ番組と連動したアドベント・カレンダーもつくられている。子どもたちは番組を見終わると、一つずつ窓を開けながら指折り数えてクリスマスを待つ。一九五〇年代の半ばから六〇年にもわたって続いてきたクリスマス番組

上：クリスマス料理が並んだ食卓

左：クリスマスツリーの下に並べられたプレゼント

のなかでもっとも人気があるのが、日本でも読み継がれているスプーンおばさんの話⑸である。

そして、いよいよクリスマス。クリスマスプレゼントの定番といえば、何といっても本である。大人も子ども、プレゼントにもらった本をゆっくりと読むながらクリスマス休暇を過ごすことになる。その様子、日本のみなさんにもぜひ想像していただきたい。スウェーデンでは、こうして読書とともに一年が過ぎていくのである。

⑸　ノルウェーの児童文学者アルフ・プリョイセン（Alf Prøysen・一九一四〜一九七〇）が書いた作品。一九五六年に発表されたこのシリーズは、日本を含め世界中で翻訳されている。

アドベント・カレンダーになった児童文学

出典：スウェーデン・ラジオのホームページ
http://sverigesradio.se/sida/gruppsida.aspx?programid=4155&artikel=4668713&grupp=15861

で庶民的と称されるトランストロンメル氏の人生および詩の世界だが、それには音楽が大きな意味をもっていた。若いころ、音楽の道を選ぶか言葉の世界を選ぶかという選択に迫られ、結果的には後者を選んだとはいえ、その後も優れたピアニストであり続けた。

トランストロンメル氏は、1990年に患った脳卒中のために右手と右腕が使えない状態のうえ車椅子の生活を余儀なくされているし、失語症のため話すことも困難となっている。今はまさに、音楽と詩が彼の言語となっている。ピアノも左手で弾き続けている彼の作品、リズム感があることも彼の音楽的素養を考えれば不思議ではない。

隠喩《いんゆ》の名人であるトランストロンメル氏は、日常的な出来事や事物を描きながら、底が何重にもあるような深い神秘的な作品を生み出してきた。それが理由なのだろうか、読者層は厚く、彼の詩集はごく普通の人のベッドサイドに置いてあったり、詩の何節かが冷蔵庫のドアに貼られているというのもごく一般的な光景となっている。読みやすい詩というのが多くの人の評価であり、スウェーデンでは、「詩を読んだことがなければトランストロンメルからはじめなさい」とも言われている。そんな彼は、近年、俳句も多数つくっている。

彼は心理学の教育も受けており、長年にわたって心理学者としても働いてきた。一番長く働いていたヴェステロース・コミューンでは、町を挙げてトランストロンメル氏を祝福した。コミューンの図書館では、発表があった週の土曜日、市長、作家、女優などが集まって音楽の演奏とともに詩の朗読をしたり、彼の作品について討論をしたりもした。

参照：vlt.se, <オステルボッテンスティードニング
（Österbottens Tidning）>

コラム5　2011年ノーベル文学賞はスウェーデンの詩人に

写真：ウッラ・モンタン（アルベルト・ボニエル出版社）

ノーベル文学賞といえば、2011年の受賞者は、詩人で心理学者のトマス・ヨスタ・トランストロンメル（Tomas Gösta Tranströmer・1931〜）氏であった（写真）。スウェーデンでは、トランストロンメル氏がノーベル文学賞を受賞することをずいぶん長く待ち望んできた。とはいえ、彼がスウェーデン人であるがゆえに受賞は無理かもしれないというあきらめの念もあった。そのため、2011年10月６日のノーベル文学賞受賞というニュースを聞いて、多くのスウェーデン人は「ついにやった！」と歓喜の声を上げた。

〈フーブードスタッツブラーデット（Hufvudstadsbladet)〉紙は、受賞の瞬間を「夫妻はすでに昼食をすませ、午後一時の発表を待ってテレビの前に腰掛けていたところ、10分前に電話が鳴り嬉しい知らせを受けた。どのように祝うかはこれからゆっくり考えるとしても、その日の夕食は魚料理と決まった様子である」と伝えた。

一般に、詩を書く人は多数いても、読む人は少数だと言われている。しかし、トランストロンメル氏の作品は例外である。彼は、戦後ヨーロッパの文学界において最も有名な詩人であり、その作品は50か国以上の言語に翻訳されている。物静かで謙虚

2 スウェーデンの出版・読書事情

スウェーデンの商業出版社は全国で約三〇〇社となっている。王立図書館の報告によれば、二〇一〇年の書籍の出版点数は一万六四六五点で、そのうち翻訳書が二七〇八点を占めている。ジャンル別に見てみると、一番多いのは医学書で一八八六点、以下、社会学・法学関係書籍一八一六点、経済書一七四三点と続き、文学書は一五二三点で児童文学書は六〇四点となっている。

二〇一〇年になってから、紙の本の売り上げは児童書を除けば減少傾向にある。その一方で、電子書籍の売り上げは前年度に比べて四倍も伸びている。徐々に普及しはじめている電子書籍だが、紙の本に比べて消費税はかなり高くなっている。紙の本にかかる消費税は六パーセントであるが、電子書籍の消費税は二五パーセントとなっているのだ。

二〇一〇年の、スウェーデン居住者一人当たりの書籍の購入冊数は四冊である。スウェーデンでも本をインターネットで購入することはポピュラーとなっており、すでに売り上げの三〇パーセントから四〇パーセントを占めるようになった。オンライン書店の躍進理由は、書店に比べて値段が安い、種類が多い、配達が早いという特徴による。

スウェーデンには再販制度(6)がないので、書店でもバーゲンセールを行っているのだが、オンライン書店ではその値段からさらに値引きをすることも多く、利用する人が多くなっている。毎年二月末に各書店が大セールを行うため、そのタイミングを見計らって本を購入する人が多い。セールでの売り上げは二〇〇五年以降減少傾向にあったが、二〇一〇年度の売り上げは前年度と同程度であった。

大手のデパートやスーパーマーケット、キヨスクでも本を買うことができ、これらの店でも二月末にはバーゲンが行われている。また、「今月の本（Månadens bok）」や「書籍クラブ（Böckernas klubb）」といったブッククラブに入っている人も多い。オンライン書店と似ているが、会員登録すると本に関する情報を定期的に送ってくれて、そこからお気に入りの本を見つけることができる。書店に行く時間のない多忙な人や本が好きな人にとってはありがたいシステムである。

会員の特典としては、ブッククラブが推薦する書籍を書店よりも安い価格で入手することができる、ブッククラブは独自に作家の講演会なども企画していて、それらのイベントにも会員になっていればとても安い料金で参加できる。

（６）再販売価格維持制度。出版社が書籍や雑誌の価格を決め、書店では定められた値段で販売することが義務づけられている。

スウェーデン人は新聞好き

スウェーデンの日刊紙の代表といえば〈ダーゲンス・ニーヘーテル〉であるが、そのほかにも〈スヴェンスカ・ダーグブラーデット（*Svenska Dagbladet*）〉もよく読まれている。また、タブロイド版の夕刊紙として、社会民主党系の〈アフトンブラーデット（*Aftonbladet*）〉や〈エクスプレッセン（*Expressen*）〉がある。

スウェーデンは伝統的に新聞好きの人が多く、成人の約八〇パーセントが何らかの有料新聞を読んでいる。朝刊の発行数の九〇パーセントが定期購読となっており、各家庭に届けられている。ただし、年齢別に見てみると、六五歳以上の八四パーセントが毎朝朝刊を読んでいるのに対し、一五歳から二四歳では朝刊を読む人の割合は五〇パーセントを割り込んでいる。

新聞を読む人口は年々減っていて、とくに若い世代にこの傾向が顕著なのは世界的な傾向かもしれない。新聞をあまり読まない一五歳から二四歳までの世代のうち、約九〇パーセントが毎日インターネットを利用して情報を入手している。若い世代にニュースを知る手段を尋ねてみると、テレビ、紙の有料朝刊紙、インターネット上の夕刊紙、紙の無料朝刊紙という順番になる。また、一二歳から一六歳までの子どもたちの半数以上がインターネット上でニュースを閲覧していると答えていることからして、若い世代にとってはもはやニュースとインターネットは切り離せないものになっていることが分かる。

世界に先駆けて無料新聞を発刊したスウェーデン

先ほど「紙の無料朝刊紙」と記したが、実はこれは、スウェーデン生まれのメディアである。スウェーデンは、世界で初めて広告料によって制作費がまかなわれる無料の日刊新聞〈メトロ・エクスプレス（Metro Express）〉を一九九五年に発刊した。駅に設置されている配布ボックスに置いてあるほか、大きな駅では手わたしで配布されることもある。

一般の有料新聞と比べればかなり大味で、じっくりと内容を吟味したいときには物足りない内容だが、短時間でざっとどんなニュースがあったのかを知るためには便利なので、通勤時に読んでいる人が多い。〈メトロ・エクスプレス〉は、一九九五年の発行以降あっという間にヨーロッパに拡まり、類似紙がいくつも出されるようになった。

現在、〈メトロ・エクスプレス〉は、ストックホルムとヨーテボリ、スコーネ（Skåne）の三都市でしか発行されていないが、この三都市では六五パーセントもの人びとが無料新聞を読んでいるというデータが示されている。通勤や移動の空き時間には無料新聞に目を通し、有料新聞は家でくつろいで読むという人びとが多く、両者をじょうずに使い分けている。

読書好きの人が多いといわれるスウェーデンであるが、二〇〇九年の北欧メディア・コミュニケーション研究情報センター（Nordic Information Centre for Media and Communication Research: NORDICOM）(7) の調査によれば、人びとの一日の平均読書時間は約一八分間であった。

それ以外に約三五分間を新聞・雑誌に、約七四分をインターネット利用に当てているという。インターネットへのアクセス時間は、本を読んだり、雑誌・新聞を読む時間をすでに追い越してしまっている。

3 スウェーデンの出版界と図書館

図書館は、本がなければ存在しえない。ゆえに出版界は言うまでもなく、図書館にとっても重要な存在となる。そんな基本的な関係をふまえずとも、スウェーデンでは出版界と図書館界の距離がとても近いものとなっている。両者の間には、互いに助け合いながらともにスウェーデンの活字文化を支えていこうとする強い結束力があるように感じられる。本節では、そんな両者の関係を見ていくことにしたい。

図書館は作者に補償金を支払っている

スウェーデンでは、作家の作品が図書館で無料で読まれてしまうことによって生じる損失を補《ほ》填《てん》するために、作家に補償金（biblioteksersättning）が支払われている。これは、図書館で特定の本が何回も複数の人に貸し出されることによって、作家が本来得るであろう収入が減ってしまうことを認めてその補償を行う制度であり、「図書館補償制度」あるいは「公共貸与権制度」と呼ばれている。公共図書館の利用率が高い北欧諸国を中心に採用されているこの制度は、近年、EU諸国にも拡がりを見せている。

スウェーデンで最初に補償金制度が承認されたのは、隣国デンマーク、ノルウェーに続いて一九五四年のことであった。補償金は図書館の貸出数を基準に算出され、国がスウェーデン著作者基金に補償金を支払い、基金がその配分を決定している。ただし、算出はコンピュータ化されている約七〇パーセントの図書館の貸出数にかぎられている。

補償金には、図書館における貸出数に応じて支払われる金額と、作家への助成金がある。補償金の平均は一一〇〇ユーロ（約一二万一〇〇〇円）[8]であり、最低額は一六〇ユーロ（約一万七六〇〇円）と定められている。図書館での貸出の場合、一回につき一クローナ三二オーレ（約一二円）が支払われている。補償金の支払いが認められているのは、スウェーデン人あるいはスウェーデン在住の作家、翻訳者、イラストレーター、音楽家、写真家の作品である。

（7）デンマーク、フィンランド、アイスランド、ノルウェー、スウェーデン各国が連携して、メディア・コミュニケーションの分野での研究を進めるために設立された学術センター。

（8）一ユーロ約一一〇円で計算（二〇一一年八月現在）

スウェーデンの図書館補償制度の場合、補償金は著作者の文化的活動の支援や、著作者およびその家族の生活保障のためにも支出されることになっている。たとえば、著作者が経済的に困窮状態にある場合や年金額が不十分である場合に基金が経済的な援助を行ったり、年金の不足分を補塡《ほてん》することがある。また、若手の著作者に対しては、著作活動に打ち込むための奨学金を提供している。

補償制度というと作家の権利の保障面だけに目を奪われがちであるが、この制度には、スウェーデン語による知的生産物を保護するという理念が存在していることを忘れることができない。補償制度が北欧諸国で早い時期に採用されたのは、話者数がかぎられた北欧語の保護と伝承を重視する文化政策としての側面がかなり強いという背景がある。

そもそもスウェーデンでは、図書館が購入する図書の割合は出版刊行数の一〇パーセントを超えている。全出版数に占める図書館資料の割合が一定程度影響を与えていることが明らかになっていることを前提に、補償制度によって作家の経済面を保護しているのである。ちなみに、二〇一一年現在、補償金が払われるのは紙の図書にかぎられており、電子書籍の貸出に対しては補償金の支払いは行われていない。

作家が図書館にやって来る

図書館界と出版界との密な関係を示す事例に、図書館で開かれる作家の講演会が挙げられる。スウェーデンでは、作家が図書館を訪問するということはそれほど珍しいことではない。むしろ、定番行事といってもよいぐらいだ。大人でも自分が読んだ本を書いた人物に会えるならかなり興奮すると思うが、子どもにとってはなおさらであろう。作家との対面を子どもたちは心から喜ぶし、作家と会ったあとは読書への関心が目に見えて高まることになる。また、作家にとっても、図書館訪問は読者と直接コミュニケーションできるまたとない機会となっている。

作家による図書館訪問は、大都会でだけでなく驚くほど小さい町でも行われている。考えてみると、文化的な行事が少ない小さい町にこそ、作家との交流ができるこうしたプログラムは重要な企画といえる。

図書館への作家訪問にあたって、図書館と作家の間の仲介を務めているのは「スウェーデン作家センター（Författarcentrum）」という機関である。作家センターは一九六七年に設立された職業作家のための非営利団体で、文化評議会が運営資金を拠出している。設立目的は、文学作品を社会に届けること、作家と読者を結び付けること、文化の多様性を尊重して言論の自由を守ること、の三点である。ストックホルム、ルレオ（Luleå）、ヨーテボリ、マルメに事務所があり、センターに登録している作家は一三〇〇人に上っている。

スウェーデン作家センターは、作家と一般市民を結び付ける仲介役としての事業のほかに、オンデマンド出版社「ポディウム（Podium）」を運営している。この出版社は、古典作品や採算が取れないために出版を断られた本を刊行するという事業に取り組んでいる。作家センターの会員であれば、ポディウムを通じて自作の刊行と頒布を行うことが可能である。

ポディウムが手掛ける主な領域は、少数言語による本や翻訳書、古典作品、作家センターの会員の本などで、今までに、フィクション、ノンフィクション、児童書、成人向けの図書を刊行してきた。また、サーミ語、フィンランド語、メアンキエリ語、ロマニ・チブ語、イディッシュ語などのスウェーデンの公認少数言語については刊行に際して補助金が下りるようになっている。

作家センターを実際に運営しているのは「作家仲介セクション（Författarförmedling）」である。このセクションを通して、学校訪問、朗読会、ワークショップ、討論会、詩の集い、文学セミナーなどの予約を入れることができる。また、ウェブサイト上では、予約を行うことができる一〇〇〇人以上の作家が検索できるようになっている。年間約二〇〇〇件に上る仲介業務の実績をもつが、そこでの作家の招聘料金は次ページの表のようになっている。あくまでも最低料金を定めたものであり、作家自身がもう少し高く設定することも可能である。

ノーベル賞作家がやって来る図書館

ストックホルム市のリンケビー地区は、住民一万七〇〇〇人のうち七五パーセントがスウェーデン以外という民族的背景をもっている。この移民の多く住む町のリンケビー図書館には、毎年一二月になると、何とノーベル文学賞の受賞者がやって来るのだ。ノーベル文学賞の受賞者との交流が最初に行われたのは一九八八年のことで、交流はすでに二〇年以上にわたって続いている。

二〇〇六年一二月一二日、トルコ人作家オルハン・パムク氏[9]がリンケビー図書館を訪れた。パムク氏を迎えたのは、ブレードビー基礎学校（Bredbyskolan）とリンケビー基礎学校（Rinkebyskolan）の八年生の子どもたちである。

図書館は、子どもたち、教師、ジャーナリスト、図書館員でぎっ

（9）（Orhan Pamuk・一九五二〜）トルコ・イスタンブール生まれの小説家。イスタンブール大学で建築学とジャーナリズムを学ぶ。二〇〇六年にノーベル文学賞受賞。邦訳書として、『イスタンブール：思い出とこの町』（和久井路子訳、藤原書店、二〇〇七年）などがある。

表　作家訪問の料金

図書館・講演会など	金額
２時間まで	5,500クローネ
２時間以上１時間ごとに	700クローネ
15分まで	2,500クローネ
学習グループ（１時間につき）	700クローネ

出典：作家センターのウェブサイトより作成。
http://www.forfattarformedlingen.se/page.asp?pid=6

しりだった。子どもたちの待ち構えるなか、黒いスーツ姿のパムク氏が登場し、その場にいた子どもたちの興奮は最高潮に達した。女子生徒は聖ルチア祭[10]で着る真っ白いワンピースを着て、頭にローソクを載せてパムク氏を出迎えた。

この日、リンケビー図書館に招待された子どもたちは秋学期の間ノーベル賞について学び、パムク氏の著作を読んでこの日を待ちわびていた。また、パムク氏に手わたす予定になっているスウェーデン語とトルコ語で書かれた手づくりの本の作成に熱心に取り組んだ。本づくりは、リンケビー図書館を訪問するノーベル賞作家へのプレゼントとして毎年恒例になっているもので、パムク氏の幼年時代のことやリンケビーでの子どもたちの生活の様子が描かれている。

パムク氏は贈られた小冊子に書かれた事柄について子どもたちと話しをして、ときおり大笑いをしながらリンケビー図書館での時間を過ごした。そのあと、図書館に集まっていた大勢のファンのために即席のサイン会を開いた。テーブルの上にはトルコ風のお茶やお菓子、それにしょうが入りのクッキーなどが並べられていたが、そ

地下鉄のリンケビー駅

リンケビー図書館の児童室

れはトルコ系移民の保護者が用意したものだった。

ストックホルムに住む人であれば、誰でもノーベル賞受賞者に会いたいと思っているにちがいない。憧れの受賞者の訪問を受けるリンケビー地区の子どもたちにとって、交流の思い出は生涯の宝となるだろう。ノーベル文学賞受賞者の図書館訪問は、多様な文化が交差するリンケビー地区にふさわしいイベントといえる。

児童作家、図書館の養女になる

「作家の図書館訪問」をさらに拡大して、「作家が図書館専属」になってしまった例もある。前出のリンケビー図書館では、スウェーデンの人気児童文学作家エヴァ・スッソさん（一五四ページ参照）を図書館の「養女」にするという大胆な試みをやってのけた。実は、アメリカやオーストラリアの図書館には、図書館が作家に奨学金や執筆のための助成金を出す代わりに、図書館に一定期間滞在してもらってワークショップや講演などをしてもらう「作家滞在（Writers in Residence)」という制度があるのだが、スウェーデンの「図書館の養女」もその一種といえる。

スッソさんが養女となる期間は二〇一〇年の九月から二〇一一年五月までと決まり、文化評議

---

(10)　聖ルチアの聖名祝日で、スウェーデンはクリスマスのはじまりを知らせる行事。

会と長年、児童文学の刊行を手がけてきた出版社ラーベン・オッキ・ショーグレンとストックホルム市立図書館が「養女プロジェクト（Rinkeby Bibliotek adopetar en författare）」を後援することになった。

ラーベン・オッキ・ショーグレン社によれば、養女はスッソさん自身のアイデアだったということである。もう一〇年近く、学校や図書館を回って話をしたり、創作のクラスを担当してきたスッソさんは、自分の経験をもっと多くの場で活かせないだろうかと思っていた。そこで、お気に入りの地区にあるリンケビー図書館に「養女にしてもらえないかしら」と今回の企画を持ち込んだというのである。

図書館との協議の結果、スッソさんは図書館の養女となることが決まり、九か月間、図書館専属作家となって、読書会の開催や創作ワークショップの講師など、子どもたちのリテラシー向上のための活動に参加することになった。具体的にはリンケビー地区の学校の子どもたちが順番に図書館に招待されて、スッソさんの開くクラスに参加した。放課後と休日は、これとは別の特別プログラムが用意され、毎週水曜日には図書館で本について語り合う時間も設けられた。また、これらの活動を伝えるとともに、インターネットを通じてコミュニケーションを取るための専用ブログが二〇一〇年五月に開設された。

学校との連携プログラムがスタートすると、創作のためのワークショップで表現の増やし方や物語や詩のつくり方を学んだ。その様子は、作品とともにブログに掲載されていった。また、作家という職業に興味津々の子どもたちから寄せられた多くの質問にはブログで回答した。

そして、二〇一一年五月一一日夕方には、養女としての活動の集大成として、図書館でショートストーリー・コンテストが行われ、多いに盛り上がった。コンテストでは三位までの入賞者が表彰され、スッソさんからの講評があった。受賞作品の全文はブログに掲載された。

作家と図書館の距離が近いお国柄とはいえ、図書館の養女になってしまったのは彼女が初めてであった。図書館界では、この試みを踏まえて、第二、第三の養子を迎える可能性を探っているそうだ。

児童書専門店と図書館の連携

最後に、図書館と書店との連携についても触れておこう。一般的にはライバル視される図書館と書店だが、スウェーデンでは「一冊でも多くの本を読者に」という目的を共有する者同士、連携できる部分はしっかりと協力をしている。ここでは、児童書専門店と図書館の連携について紹介しよう。

ストックホルム市内には、何軒か児童書専門店がある。これらの書店では、さまざまなプログラム、たとえば作家や挿し絵画家を招いて話をしてもらったり、ミュージシャンがミニコンサートを開催したり、研究者が最新の研究を子どもたちに分かりやすく話すミニ講座を行ったりと、本にかかわる活動を盛んに行っている。書店のプログラムと図書館の活動は、ともに読書推進を目的として行われているものなので似た部分がたくさんある。両者が協力して子どもの読書活動推進プログラムを実施することは、決して珍しいことではない。

「本の蜘蛛（Bokspindeln）」はストックホルム市立図書館のすぐ近くにある児童書専門店で、本、CD－ROM、ポスター、ゲーム、玩具をはじめとする豊富な品揃えもさることながら、五〇以上の言語の絵本を扱っていることで図書館から頼りにされている。創業者のヘレナ・エリクソン・ベルハン（Helena Eriksson Berhan）氏とニーナ・スアタン（Nina Suatan）氏は、ともにスウェーデン語以外の言葉にも通じていたこともあって、書店では多言語の図書を取り扱うようになった。そして七年前から、書店の主なターゲットを子どもと保護者、子どもにかかわる専門職（たとえば、語学教師や保育教諭、児童司書など）に定め、児童書の普及のためにさまざまなプロジェクトに取り組みはじめた。

二〇一一年六月、ストックホルム市立図書館では一〇歳から一三歳の子どもを対象として「本のキャンプ」を企画したが、このプロジェクトには「本の蜘蛛」も参加しており、出版社や作家を訪問したり、子どもたちが自分で物語をつくってみたりするという活動が行われた。また、二〇一〇年の秋には四回にわたって企画された「読書クラブ活動」も書店と図書館が連携して行っている。

　このプログラムでは、本について話し合ったり、工作をしたり、コーヒーを飲んだりするという会合を月に一度の割合で続け、最終回には、それまでみんなで読んできた本を執筆した作家をクラブに招待しておしゃべりを楽しんだということである。

「本の蜘蛛」にかぎらず、書店と図書館のコラボレーションはごく普通に行われている。日ごろから本にかかわるさまざまなイベントを企画し、本に親しんでもらうための努力を続けているからできることなのだろう。

　読者にとってみれば、それが書店で買った本であろうと図書館で借りた本であろうと、自分の読みたかった本である。両者はともに本と読者をつなぐための仕組みであり、なるべく多くの人に本を読んでもらうという同じ目標をもっている。本にかかわる機関が連携して読書振興のための活動を行うことは、ごく当たり前のことになっている。

　ただ、いざ協同でプロジェクトを実施するとなると、組織の違いによるさまざまな問題が出てきてなかなか現実にはうまくいかない。スウェーデンで図書館と書店のコラボレーションが日常的に行われているのは、両者が共有する理念を実現化することを最優先しているからではないだろうか。組織の違いがゆえの障壁を打ち破ることはもちろん大変だが、一度はじめてしまえば、次からはそこに経験を積み重ねていくだけである。

本が読者に届くまでの回路は、書店や図書館以外にもたくさんあるだろう。それらはすべて、世の中に生み出された本とそれを求めている人を結び付けるための営みである。その回路が多ければ多いほど、本との出合いは多様なものになっていく。その回路のうち、もっともしっかりしていて、何があっても揺がない制度、それが公共図書館である。

終 章

文化の格差を図書館が埋める

仲間といっしょに学ぶのがスウェーデン流（写真提供：国際図書館）

スウェーデンの図書館をめぐる旅もそろそろ終わりに近づいているようだ。読者のみなさんと続けてきた旅を終えるにあたって、なぜスウェーデンという国で図書館が大切にされるのかについて最後にもう一度考えてみたい。

図書館の満足度が高いのはなぜ？

スウェーデンで地域の公共機関についてアンケートをとると、決まって図書館の満足度が病院や学校よりも高くなる。図書館は、誰が来てもよいし、誰かの存在を拒むことはない。来館した人は、国籍、性別、年齢を問わずみな平等である。そんな利用者に対する包容力が、図書館に対する満足度につながっているのではないだろうか。それに加えて、図書館が気軽に毎日立ち寄ることができる施設であるということも人気にひと役買っているにちがいない。動物園や美術館や博物館も大切な場所ではあるが、毎日行く場所ではない。その点、図書館は日常生活のなかにごく自然に溶け込むことのできるとても身近な存在となっている。

スウェーデンでは誰もが、自分が納めた貴重な税金の一部が図書館で活用されていることを知っている。だからこそ、図書館は自分たちのものだという感覚をもっているし、利用する人にとっても利用しない人にとっても「図書館は地元の大切な場所」となっている。そんな意識が国全体に行きわたっていることが、厚みのある図書館文化を支えているといえる。

このように図書館の存在を肯定的に捉える人びとの意識は、決して短期間で生まれたものではない。民衆運動を起源とする公共図書館の長い歴史のなかで、人びとは図書館を少しずつ自分たちの手でつくりあげ、図書館という文化施設に対する意識を育んできたのである。

公共図書館設置運動の起源となった禁酒運動、宗教運動など民衆の社会運動は、富裕層との経済的・知的格差に抗議する労働者が、生活向上のために自発的にはじめたものであった。そのなかで生まれた図書館設置運動もまた、生まれ育った階級による差が知識の差になってはならないとする徹底的な平等意識に根ざした活動であった。こうした運動の甲斐があって、現在のスウェーデン社会には、学習意欲のある人が生涯にわたって自発的に学ぶための機会が平等に準備されるようになった。

情報格差を埋めるのが公共図書の役割

「平等であること」を常に社会理念として掲げてきたスウェーデンだが、二〇世紀半ばには、この理念に対する重大な課題が浮かびあがってきた。それは、もともとスウェーデンに住んでいた人と、スウェーデンに移り住むようになった移民の間に生じた格差の問題である。同じスウェーデン社会に暮らしているにもかかわらず、移民は高等教育に進む機会がスウェーデン人に比べて相対的に少なく、その結果として、社会的・経済的・文化的な不利益を被る場合が多くなった。

新たな格差の出現に対してさまざまな社会政策が実施されるなかで、コミューンに必ず設置されている公共図書館においても、情報格差（digital divide）を克服するために果たす役割としての期待が寄せられている。一〇〇年前と現在では、格差の性質は異なるのかもしれない。しかし、情報アクセスに対する格差を埋めるという点においては図書館の役割はまったく変わっていない。個人が置かれている状況によらず、すべての人びとに対して平等に情報を提供する機関、それが公共図書館のもっとも大切な使命なのである。

住民の情報アクセスに関して中核的な役割が期待されている公共図書館は、地域社会とますます密接な関係を保つ必要性に迫られている。言うまでもなく、司書は地域にネットワークを張ることの重要性を認識している。自分の図書館のある地域にはどんな人が住んでいて、どんな暮らしをしているのか、どんな言語を日常的に話しているのかなど基本情報の把握はもちろんのこと、利用者がどんな情報を求めているのかを知るために、コミュニティ内にある公共施設（たとえば、学校や福祉施設、病院など）のスタッフと連携して利用者のニーズを日々探っている。

また、二〇世紀の後半に生まれたもう一つの深刻な課題として、情報のデジタル化によってもたらされた格差が挙げられる。電子化が進むことによって情報の幅広い活用が可能になることはよいことだが、デジタル情報にアクセスできる者とアクセスが困難な者の間には、日々、情報格差が大きくなっている。この隔たりは、情報技術の進展につれてさらに大きいものとなっていく可能性が高い。実際、スウェーデンの公共図書館では、デジタル情報へのアクセスが困難な高齢者のために、「シニアネット（SeniorNet）」というＮＰＯ団体が無料のコンピュータ講習会「シニアサーフ（SeniorSurf）」を実施している。

シニアネットは、一九九七年に高齢者の情報格差を是正するために創設され、現在に至るまでさまざまな活動を続けているが、その活動の中核となっているのが公共図書館での講習会なのである。こうした外部団体との連携をふまえ、各コミューンの公共図書館は、今後もますます顕在化することが予想される情報技術の格差を埋める存在として、重要性が高まっていくことはまちがいない。

図書館の存在意義は言葉を育むこと

次に、図書館の存在意義を別の側面から考えてみよう。スウェーデン社会では、一人ひとりが「自分の言葉を所有する」ことを重要視している。「自分の言葉」とは、個人のアイデンティティにかかわる言葉と、社会で生きていくための言葉のことである。たとえば、移民にとって「自分の言葉」とは、「自分の文化的ルーツである出身地の言葉」と「スウェーデン語」となる。

図書館は、個人にとっておそらくもっとも大切な財産である「言葉」を保持し、育み発展させていく場所である。公共図書館の活動範囲は、資料の提供から文化プログラムまで実に多様であるが、これらの活動はすべて「言葉」に結び付いている。

公共図書館には、通常の印刷本を読むことができない利用者のために大活字本や録音資料、そして知的障碍、学習障碍、失語症、ディスレクシア（難読症）など、読みに困難をもつ利用者のために、内容の読みやすさに考慮した「読みやすい本」が並べられている。自宅で療養中の人や、障碍があるために、あるいは高齢で図書館に来ることが困難な人には、司書が自宅を訪れて図書を手わたしている。そして、スウェーデンで生まれ育った移民の子どもたちには、両親の文化を受け継いでいけるようにと、両親の出身国の言葉で語られたお話を聞かせている。こうしたサービスを図書館が提供してきたのは、スウェーデンに住むすべての人が、自らを表現するための「自分の言葉」を獲得できるように支援するためである。

スウェーデンでは、公共図書館は「文化保障制度」と見なされている。人が生きていくために欠かすことができない「文化」を享受することは住民の権利であり、それを保障する機関が図書館なのである。また、現代社会において、情報不足によって生活レベルが著しく低下する可能性を考えれば、図書館は社会保障制度であるともいえる。だからこそ、公共図書館は誰でも情報にアクセスできる場所として地域社会に必要不可欠な施設であり、図書館における資料の貸借は無料でなければならないのである。このようなスウェーデンの公共図書館の理念と実践が、今後とも世界の公共図書館のモデルであり続けることはまちがいない。

あとがき

本書が生まれるきっかけは、筆者の一人である吉田が、二〇〇六年八月にスウェーデンのストックホルムで公共図書館調査を行うために、国際図書館で司書として働いていた小林ソーデルマンに連絡をとったことからはじまった。小林ソーデルマンは、ストックホルム市内の図書館訪問について入念な段取りを行ってくれ、地元司書とのインタビューのアポイントメントを取り付けたうえで私を待ち構えていてくれた。そして、自らの勤務時間をやり繰りしながら、本書でも紹介したストックホルム市内の「子どもの家」をはじめとしてクングスホルメン図書館、シャールホルメン図書館、メドボリアルプラッツェン図書館など、個性的な地区館に次々と私を連れていってくれた。

それまで、デンマークの図書館を主な研究対象としていた私にとって、このスウェーデンの公共図書館での経験は強烈なものだった。すっかり、スウェーデンの図書館のとりこになってしまったのだ。そして、文部科学省の奨学金を得て、二〇〇八年から二〇〇九年にかけてデンマークに長期滞在した折に再び小林ソーデルマンのもとを訪れ、アドバイスを受けながらストックホルムの図書館を訪問することになった。

北欧の図書館は、似ているところも確かにあるが、実は国ごとに少しずつ異なっている。ただ、そのことはほとんど知られていない。デンマークの図書館とは違うスウェーデンの図書館の様子を少しずつ知るたびに、いつか一冊の本にまとめてみたいと強く思うようになった。そして、思い切って小林ソーデルマンに本の話をもちかけてみたところ、すぐに了解を得て本書の執筆活動がはじまったわけである。

二〇一〇年四月、小林ソーデルマンがストックホルム市の奨学金を得て、児童図書と図書館サービスの研究のために日本に来ることになった。少しまとまった時間が取れたこともあり、スウェーデンの図書館界で長い間司書として活動してきた彼女の経験を、インタビューという形で二日間にわたってじっくりと聞くことができた。

その一方、本書の計画を進めていたとき、私の研究室にはシリアで青年海外協力隊の活動を終えてから筑波大学大学院図書館情報メディア研究科に入学してきた和気尚美が在籍していた。和気は修士論文の研究テーマとして、「デンマーク公共図書館における移民を対象にしたサービス」を選んだ。そして、アラビア語の知識を活かして移民に対するインタビュー調査のためにコペンハーゲンで現地調査を行い、研究室に戻ってきたところであった。そこで、和気にもこのプロジェクトに参加してもらうことにし、小林ソーデルマンへのインタビューのテープ起こしと第5章の執筆を担当してもらった。

このような経緯を経てできあがった本書は、三名の共同執筆である。第5章を除く各章は、小林ソーデルマン淳子と吉田右子が共同で執筆している。日本とスウェーデンの間で行き交ったメールの数は何百通にも及んだ。二〇〇六年九月に初めてスウェーデンの公共図書館を訪れてから六年目、ようやく願いが適い、日本の読者のみなさんにこの国の公共図書館についてご紹介できたことをとてもうれしく思っている。

本書をまとめるにあたり、文部科学省「大学教育の国際化加速プログラム」からの研究助成、および同省科学研究費補助金「基盤研究C」からの研究助成を受けた。また、前作と同様、今回も草稿の段階から本の完成まで、株式会社新評論の社長武市一幸氏には数多くのアドバイスをいただいた。心からお礼を申し上げたい。

なお、本書の姉妹編に『デンマークのにぎやかな公共図書館』（新評論、二〇一〇年）がある。本書を読んで北欧の図書館について興味をもたれた方は、あわせて読んでいただければ幸いである。そして、スウェーデンに旅したときは、ぜひ公共図書館を訪れていただき、その心地よい空間を実際に体験してもらいたい。あなたが、スウェーデンの公共図書館のとりこになることをお約束する。

二〇一二年　七月

著者を代表して　吉田右子

参考文献案内

本書では、スウェーデンの公共図書館の状況をなるべく幅広く描くことに努めたが、だからといってすべての話題を扱っているわけではない。本書を読んで、スウェーデンの図書館および北欧の図書館に関心をもたれた方は、ぜひ以下に挙げた参考文献にあたっていただきたい。また、北欧の図書館が世界に誇る障碍者サービスについては、公益財団法人日本障害者リハビリテーション協会障害保健福祉研究情報システムのウェブサイトに詳しく紹介されているので、そちらもあわせてご覧いただきたい。

北欧の図書館全般

・全国学校図書館協議会北欧学校図書館研究視察団編『北欧に見る学校図書館の活用』全国学校図書館協議会、二〇〇七年、一二七ページ。
・堤恵「北欧の移民・難民への図書館サービス――スウェーデンとデンマークの事例から」『カレントアウェアネス』No.287、二〇〇六年、八～一〇ページ。
・図書館計画施設研究所編『Libraries in Finland & Sweden』（LPDシリーズ6・白夜の国の図書館・パート1）図書館流通センター、一九九四年、二八八ページ。

・図書館計画施設研究所編『Libraries in Norway & Sweden』（LPDシリーズ7・白夜の国の図書館・パート2）リブリオ出版、一九九六年、二〇七ページ。
・弥吉光長『北欧の公共図書館と生涯教育』日本図書館協会、一九九二年、一三〇ページ。
・吉田右子「北欧におけるマイノリティ住民への図書館サービス――デンマークとスウェーデンを中心に」『図書館界』Vol. 59, No. 3、二〇〇七年九月、一七四～一八七ページ。
・吉田右子「夢をみる・夢をかなえる――北欧三国の公共図書館」『こどもとしょかん』133号、二〇一二年四月、二一～一八ページ。

スウェーデンの図書館

・上野恵「スウェーデンヴェクショー大学図書館からのメッセージ」『大学図書館研究』（Vol.71）二〇〇四年八月、三三～四〇ページ。
・小林ソーデルマン淳子「スウェーデン（小特集：北欧のコミュニティと公共図書館）」『カレントアウェアネス』No. 295、二〇〇八年三月二〇日、二一～二三ページ。
・サーリン、グンナー「講演（デジタル時代のスウェーデン国立図書館の挑戦――スウェーデン国立図書館長グンナー・サーリン氏）」『国立国会図書館月報』No.577、二〇〇九年四月、四～五ページ。

・白井 静子「スウェーデンの図書館から1――「外国人問題」とテンスタ図書館」『みんなの図書館』No.141、一九八九年、六六～七一ページ。
・白井 静子「スウェーデンの図書館から2――児童サービス」『みんなの図書館』No.145号、一九八九年六月、七四～八二ページ。
・白井 静子「スウェーデンの図書館から3――スウェーデンの図書館の歴史」『みんなの図書館』No.147、一九八九年、六〇～六五ページ。
・白井 静子「スウェーデンの図書館から4――2つのコムーネの図書館」『みんなの図書館』No.150、一九八九年、五八～六五ページ。
・白井 静子「スウェーデンの図書館から5――完 広域図書館サービスと貸出センター」『みんなの図書館』No.156号、一九九〇年五月、五一～五七ページ。
・白井 静子「図書館の多文化サービス すべての人に母語で読む権利を保障するスウェーデン（特集：本が人を動かす！――国際交流の場としての図書館）」『国際交流』26（3）（Vol.103）、二〇〇四年、二一～二四ページ。
・白井静子「海外図書館事情を探る（37）スウェーデンにおけるコミューン図書館と大学図書館の接近――一例としてのハーネーサンド総合図書館」『図書館雑誌』96（3）、二〇〇二年三月、一八九～一九一ページ。

・長谷川順子「スウェーデンにおける情報基盤としての図書館の役割」『大学図書館研究』（68）、二〇〇三年八月、五八〜六八ページ。
・深井耀子「スウェーデンにおける移民・難民への図書館サービス」『多文化社会の図書館サービス』（阪南大学叢書39）青木書店、一九九二年、一六五〜一八一ページ。
・三上久代「海外視察レポート（２）スウェーデン ＮＩＥ教育のための学校図書館整備」『学校図書館』（通号Vol.636）、二〇〇三年一〇月、七六〜七八ページ。
・深谷順子「スウェーデン国立録音点字図書館の視覚障害者サービス―サービス内容を中心に」『日本図書館情報学会誌』Vol.48、No.1、二〇〇二年三月、一〜一六ページ。
・深谷 順子「スウェーデン国立録音点字図書館の視覚障害者サービス――歴史・制度を中心に」『日本図書館情報学会誌』Vol.46、No.1、二〇〇〇年三月、一〜一七ページ。

【サ】

索　　引

著者紹介

小林 Söderman 淳子（こばやし・ソーデルマン・じゅんこ）

1957年、神奈川県生まれ。

1981年、国際基督教大学教養学部教育学科卒業。

1987年、ボロース図書館学校（ボロース大学、スウェーデン）卒業。

ノールバリ図書館、ファーゲシュタ図書館、フィンスカテバリ図書館の児童・学校司書、エチオピアでの図書館コンサルタント、フィンスカテバリ・コミューンの図書館長を経て2005年からストックホルム市国際図書館勤務。現在、国際図書館貸借センター部業務発展責任者。主な業績に *Wondo Genet College of Forestry Abstracts of Theses and Research Works 2003: A Bibliography, 2nd Edition*, Wondo Genet College of Forestry, Debub University, Ethiopia, 2003（編著)、塩見昇編著『図書館概論』 ＪＬＡ図書館情報学テキストシリーズ、日本図書館協会、2008年、(「北欧の図書館」執筆)、*Det Mångspråkiga Biblioteket: En Nödvändig Utopi*、BTJ Förlag, 2012年（"Mediainköp – Ansvar och Uppdrag" 執筆）がある。

吉田右子（よしだ・ゆうこ）

1963年、東京都生まれ。

1992年、図書館情報大学大学院修士課程修了。

1997年、東京大学大学院教育学研究科博士課程単位取得退学。

図書館情報大学助手を経て現在、筑波大学大学院図書館情報メディア研究科教授（公共図書館論）。主な著作に『メディアとしての図書館：アメリカ公共図書館論の展開』（日本図書館協会、2004年)、『デンマークのにぎやかな公共図書館：平等・共有・セルフヘルプを実現する場所』（新評論、2010年）がある。2008年８月から2009年３月までデンマーク王立情報学アカデミー客員研究員。

和気尚美（わけ・なおみ）

1983年、埼玉県生まれ。

2007－2009年、青年海外協力隊（職種：環境教育）としてシリアアラブ共和国にて活動。

2011年、筑波大学大学院図書館情報メディア研究科博士前期課程修了。博士前期課程在籍中、６か月間デンマーク王立情報学アカデミーへ留学。

2012年現在、筑波大学大学院図書館情報メディア研究科博士後期課程在籍、デンマーク政府奨学生としてデンマーク王立情報学アカデミーへ留学中。研究分野はエスニック・マイノリティの公共図書館利用や情報行動。主な論文に「デンマークにおける移民の公共図書館に対する意識と利用行動：ムスリム移民を対象としたインタビューを通して」（移民研究年報、第18号、2012年）がある。

読書を支えるスウェーデンの公共図書館
——文化・情報へのアクセスを保障する空間——

2012年9月15日　初版第1刷発行

著者　小林ソーデルマン淳子
吉田右子
和気尚美

発行者　武市一幸

発行所　株式会社　新評論

〒169-0051
東京都新宿区西早稲田3-16-28
http://www.shinhyoron.co.jp

電話　03(3202)7391
FAX　03(3202)5832
振替・00160-1-113487

印刷　フォレスト
製本　清水製本所
装丁　山田英春
写真　小林ソーデルマン淳子
宮沢厚雄
（但し書きのあるものは除く）

落丁・乱丁はお取り替えします。
定価はカバーに表示してあります。

Printed in Japan
ISBN978-4-7948-0912-4